書名：壬學述古
副題：心一堂術數珍本古籍叢刊 三式類 六壬系列
作者：〔民國〕曹仁麟

主編、責任編輯：陳劍聰
心一堂術數珍本古籍叢刊編校小組：陳劍聰 素聞 梁松盛 鄒偉才 虛白盧主

出版：心一堂有限公司
出版社地址：香港九龍尖沙咀東麼地道六十三號好時中心LG 六十一
門市：香港九龍尖沙咀東麼地道六十三號好時中心LG 六十一
電話號碼：(852)2781-3722
傳真號碼：(852)2214-8777
網址：http://www.sunyata.cc
電郵：sunyatabook@gmail.com
心一堂術數珍本古籍叢刊網上論壇 http://bbs.sunyata.cc/

版次：二零一一年十月初版
平裝

港幣 一百零八元正
定價：人民幣 一百零八元正
新台幣 四百三十元正

國際書號：ISBN 978-988-8058-85-3



香港及海外發行：利源書報社
地址：香港新界荃灣德士古道220-248號荃灣工業中心1609-1616室
電話號碼：(852)2381-8251
傳真號碼：(852)2397-1519

台灣發行：秀威資訊科技股份有限公司
地址：台灣台北市內湖區瑞光路七十六巷六十五號一樓
電話號碼：(886)2796-3638
傳真號碼：(886)2796-1377
網路書店：www.govbooks.com.tw
經銷：易可數位行銷股份有限公司
地址：新北市新店區中正路542之3號4樓
電話號碼：(886)82191500
傳真號碼：(886)82193383
網址：http://ecorebooks.pixnet.net/blog

中國大陸發行・零售：心一堂書店
深圳地址：中國深圳羅湖立新路六號東門博雅負一層零零八號
電話號碼：(86)0755-82224934
北京地址：中國北京東城區雍和宮大街四十號
心一堂網上書店：http://book.sunyata.cc

# 心一堂術數古籍珍本叢刊 總序

**術數定義**

術數，大概可謂以「推算、推演人（個人、群體、國家等）、事、物、自然現象、時間、空間方位等規律及氣數，並或通過種種『方術』，從而達致趨吉避凶或某種特定目的」之知識體系和方法。

**術數類別**

我國術數的內容類別，歷代不盡相同，例如《漢書・藝文志》中載，漢代術數有六類：天文、曆譜、無行、蓍龜、雜占、形法。至清代《四庫全書》，術數類則有：數學、占候、相宅相墓、占卜、命書、相書、陰陽五行、雜技術等，其他如《後漢書・方術部》、《藝文類聚・方術部》、《太平御覽・方術部》等，對於術數的分類，皆有差異。古代多把天文、曆譜、及部份數學均歸入術數類，而民間流行亦視傳統醫學作為術數的一環；此外，有些術數與宗教中的方術亦往往難以分開。現代學界則常將各種術數歸納為五大類別：命、卜、相、醫、山，通稱「五術」。

本叢刊在《四庫全書》的分類基礎上，將術數分為九大類別：占筮、星命、相術、堪輿、選擇、三式、讖緯、理數（陰陽五行）、雜術。而未收天文、曆譜、算術、宗教方術、醫學。

**術數思想與發展——從術到學，乃至合道**

我國術數是由上古的占星、卜蓍、形法等術發展下來的。其中卜蓍之術，是歷經夏商周三代而通過「龜卜、蓍筮」得出卜（卦）辭的一種預測（吉凶成敗）術，之後歸納並結集成書，此即現傳之《易經》。經過春秋戰國至秦漢之際，受到當時諸子百家的影響、儒家的推崇，遂有《易傳》等的出現，原本是卜蓍術書的《易經》，被提升及解讀成有包涵「天地之道（理）」之學。因此，《易・繫辭傳》曰：「易與天地準，故能彌綸天地之道。」

漢代以後，易學中的陰陽學說，與五行、九宮、干支、氣運、災變、律曆、卦氣、讖緯、天人感應說等相結合，形成易學中象數系統。而其他原與《易經》本來沒有關係的術數，如占星、形法、選擇，亦漸漸以易理（象數學說）為依歸。《四庫全書·易類小序》云：「術數之興，多在秦漢以後。要其旨，不出乎陰陽五行，生尅制化。實皆《易》之支派，傅以雜說耳。」至此，術數可謂已由「術」發展成「學」。

及至宋代，術數理論與理學中的河圖洛書、太極圖、邵雍先天之學及皇極經世等學說給合，通過術數以演繹理學中「天地中有一太極，萬物中各有一太極」（《朱子語類》）的思想。術數理論不單已發展至十分成熟，而且也從其學理中衍生一些新的方法或理論，如《梅花易數》、《河洛理數》等。

在傳統上，術數功能往往不止於僅僅作為趨吉避凶的方術，及「能彌綸天地之道」的學問，亦有其「修心養性」的功能，「與道合一」（修道）的內涵。《素問·上古天真論》：「上古之人，其知道者，法於陰陽，和於術數。」數之意義，不單是外在的算數、歷數、氣數，而是與理學中同等的「道」、「理」—心性的功能，北宋理氣家邵雍對此多有發揮：「聖人之心，是亦數也」、「萬化萬事生乎心」、「心為太極」。《觀物外篇》：「先天之學，心法也。……蓋天地萬物之理，盡在其中矣，心一而不分，則能應萬物。」反過來說，宋代的術數理論，受到當時理學、佛道及宋易影響，認為心性本質上是等同天地之太極。天地萬物氣數規律，能通過內觀自心而有所感知，即是內心也已具備有術數的推演及預測、感知能力；相傳是邵雍所創之《梅花易數》，便是在這樣的背景下誕生。

《易·文言傳》已有「積善之家，必有餘慶；積不善之家，必有餘殃」之說，至漢代流行的災變說及讖緯說，我國數千年來都認為天災，異常天象（自然現象），皆與一國或一地的施政者失德有關；下至家族、個人之盛衰，也都與一族一人之德行修養有關。因此，我國術數中除了吉凶盛衰理數之外，人心的德行修養，也是趨吉避凶的一個關鍵因素。

### 術數與宗教、修道

在這種思想之下，我國術數不單只是附屬於巫術或宗教行為的方術，又往往已是一種宗教的修煉手段—通過術數，以知陰陽，乃至合陰陽（道）。「其知道者，法於陰陽，和於術數。」例如，「奇門遁甲」術中，即分為「術奇門」與「法奇門」兩大類。「法奇門」中有大量道教中符籙、手印、存想、內煉的內容，是道教內丹外法的一種重要外法修煉體系。甚至在雷法一系的修煉上，亦大量應用了術數內容。此外，相術、堪輿術中也有修煉望氣色的方法；堪輿家除了選擇陰陽宅之吉凶外，也有道教中選擇適合修道環境（法、財、侶、地中的地）的方法，以至通過堪輿術觀察天地山川陰陽之氣，亦成為領悟陰陽金丹大道的一途。

## 易學體系以外的術數與的少數民族的術數

我國術數中，也有不用或不全用易理作為其理論依據的，如楊雄的《太玄》、司馬光的《潛虛》。也有一些占卜法、雜術不屬於《易經》系統，不過對後世影響較少而已。

外來宗教及少數民族中也有不少雖受漢文化影響（如陰陽、五行、二十八宿等學說）但仍自成系統的術數，如古代的西夏、突厥、吐魯番等占卜及星占術，藏族中有多種藏傳佛教占卜術、苯教占卜術、擇吉術、推命術、相術等；北方少數民族有薩滿教占卜術；不少少數民族如水族、白族、布朗族、佤族、彝族、苗族等，皆有占雞（卦）草卜、雞蛋卜等術，納西族的占星術、占卜術，彝族畢摩的推命術、占卜術…等等，都是屬於《易經》體系以外的術數。相對上，外國傳入的術數以及其理論，對我國術數影響更大。

## 曆法、推步術與外來術數的影響

我國的術數與曆法的關係非常緊密。早期的術數中，很多是利用星宿或星宿組合的位置（如某星在某州或某宮某度）付予某種吉凶意義，并據之以推演，例如歲星（木星）、月將（某月太陽所躔之宮次）等。不過，由於不同的古代曆法推步的誤差及歲差的問題，若干年後，其術數所用之星辰的位置，已與真實星辰的位置不一樣了；此如歲星（木星），早期的曆法及術數以十二年為一周期（以應地支），與木星真實周期十一點八六年，每幾十年便錯一宮。後來術家又設一「太歲」的假想星體來解決，是歲星運行的相反，週期亦剛好是十二年。而術數中的神煞，很多即是根據太歲的位置而定。又如六壬術中的「月將」，原是立春節氣後太陽躔娵訾之次而稱作「登明亥將」，至宋代，因歲差的關係，要到雨水節氣後太陽才躔娵訾之次，當時沈括提出了修正，但明清時六壬術中「月將」仍然沿用宋代沈括修正的起法沒有再修正。

由於以真實星象周期的推步術是非常繁複，而且古代星象推步術本身亦有不少誤差，大多數術數除依曆書保留了太陽(節氣)、太陰(月相)的簡單宮次計算外，漸漸形成根據干支、日月等的各自起例，以起出其他具有不同含義的眾多假想星象及神煞系統。唐宋以後，我國絕大部份術數都主要沿用這一系統，也出現了不少完全脫離真實星象的術數，如《子平術》、《紫微斗數》、《鐵版神數》等。後來就連一些利用真實星辰位置的術數，如《七政四餘術》及選擇法中的《天星選擇》，也已與假想星象及神煞混合而使用了。

隨着古代外國曆(推步)、術數的傳入，如唐代傳入的印度曆法及術數，元代傳入的回回曆等，其中我國占星術便吸收了印度占星術中羅睺星、計都星等而形成四餘星，又通過阿拉伯占星術而吸收了其中來自希臘、巴比倫占星術的黃道十二宮、四元素學說(地、水、火、風)，並與我國傳統的二十八宿、五行說、神煞系統並存而形成《七政四餘術》。此外，一些術數中的北斗星名，不用我國傳統的星名：天樞、天璿、天璣、天權、玉衡、開陽、搖光，而是使用來自印度梵文所譯的：貪狼、巨門、祿存、文曲，廉貞、武曲、破軍等，此明顯是受到唐代從印度傳入的曆法及占星術所影響。如星命術的《紫微斗數》及堪輿術的《撼龍經》等文獻中，其星皆用印度譯名。及至清初《時憲曆》，置潤之法則改用西法「定氣」。清代以後的術數，又作過不少的調整。

## 術數在古代社會及外國的影響

術數在古代社會中一直扮演着一個非常重要的角色，影響層面不單只是某一階層、某一職業、某一年齡的人，而是上自帝王，下至普通百姓，從出生到死亡，不論是生活上的小事如洗髮、出行等，大事如建房、入伙、出兵等，從個人、家族以至國家，從天文、氣象、地理到人事、軍事，從民俗、學術到宗教，都離不開術數的應用。如古代政府的中欽天監(司天監)，除了負責天文、曆法、輿地之外，亦精通其他如星占、選擇、堪輿等術數，除在皇室人員及朝庭中應用外，也定期頒行日書、修定術數，使民間對於天文、日曆用事吉凶及使用其他術數時，有所依從。

在古代，我國的漢族術數，甚至影響遍及西夏、突厥、吐蕃、阿拉伯、印度、東南亞諸國、朝鮮、日本、越南等地，其中朝鮮、日本、越南等國，一至到了民國時期，仍然沿用着我國的多種術數。

## 術數研究

術數在我國古代社會雖然影響深遠，「是傳統中國理念中的一門科學，從傳統的陰陽、五行、九宮、八卦、河圖、洛書等觀念作大自然的研究。……傳統中國的天文學、數學、煉丹術等，要到上世紀中葉始受世界學者肯定。可是，術數還未受到應得的注意。術數在傳統中國科技史、思想史，文化史、社會史，甚至軍事史都有一定的影響。……更進一步了解術數，我們將更能了解中國歷史的全貌。」（何丙郁《術數、天文與醫學 中國科技史的新視野》，香港城市大學中國文化中心。）

可是術數至今一直不受正統學界所重視，加上術家藏秘自珍，又揚言天機不可洩漏，「（術數）乃吾國科學與哲學融貫而成一種學說，數千年來傳衍嬗變，或隱或現，全賴一二有心人為之繼續維繫，賴以不絕，其中確有學術上研究之價值，非徒癡人說夢，荒誕不經之謂也。其所以至今不能在科學中成立一種地位者，實有數困。蓋古代士大夫階級目醫卜星相為九流之學，多恥道之；而發明諸大師又故為惝恍迷離之辭，以待後人探索；間有一二賢者有所發明，亦秘莫如深，既恐洩天地之秘，復恐譏為旁門左道，始終不肯公開研究，成立一有系統說明之書籍，貽之後世。故居今日而欲研究此種學術，實一極困難之事。」（民國徐樂吾《子平真詮評註》，方重審序）

現存的術數古籍，除極少數是唐、宋、元的版本外，絕大多數是明、清兩代的版本。其內容也主要是明、清兩代流行的術數，唐宋以前的術數及其書籍，大部份均已失傳，只能從史料記載、出土文獻、敦煌遺書中稍窺一鱗半爪。

**術數版本**

坊間術數古籍版本，大多是晚清書坊之翻刻本及民國書賈之重排本，其中豕亥魚魯，或而任意增刪，往往文意全非，以至不能卒讀。現今不論是術數愛好者，還是民俗、史學、社會、文化、版本等學術研究者，要想得一常見術數書籍的善本、原版，已經非常困難，更遑論稿本、鈔本、孤本。在文獻不足及缺乏善本的情況下，要想對術數的源流、理法、及其影響，作全面深入的研究，幾不可能。

有見及此，本叢刊編校小組經多年努力及多方協助，在中國、韓國、日本等地區搜羅了一九四九年以前漢文為主的術數類善本、珍本、鈔本、孤本、稿本、批校本等千餘種，精選出其中最佳版本，以最新數碼技術清理、修復版面，更正明顯的錯訛，部份善本更以原色精印，務求更勝原本，以饗讀者。不過，限於編校小組的水平，版本選擇及考證、文字修正、提要內容等方面，恐有疏漏及舛誤之處，懇請方家不吝指正。

心一堂術數古籍珍本叢刊編校小組

二零零九年七月

# 自序

卜筮之學。以壬式爲最古而亦最驗。自隋迄清代有撰述。其間闡揚理論。探討幽微。莫不以廣博是尚。於是課體神煞諸門類。亦因之愈演而愈繁。愈繁而愈難矣。余沉潛斯學。殆亦有年。恆苦範圍過廣。約束不易。每臨占斷。取用尤難精一。因就前輩諸書。去蕪存菁。力事簡約。著有壬簡一書。尚未梓行於世。壬申春。作客金陵。偶於舊書肆中。見有黃帝龍首金匱玉衡玄女經抄本。舊序爲顏氏家藏。視若鴻寶。愛而購歸。朝夕揣摹。不覺狂喜。始知先聖遺法。要在生剋衰旺四字中尋求。一以貫之。不在多言。然則余曩昔所著之壬簡。第就諸家理法。以簡約爲能事者。固尚未盡得此中三昧也。復考經中所載。六壬發用天一所在。與夫占斷各法。亦與諸家所著。各有不同。實開壬學之先河。爲晚近所未見聞。嘗綜括經義。試占人事。無不神驗。吁亦奇矣。獨惜經文奧邃。不列式程。錯落差參。亦所恆有。後學頗難問津。余既得是書。奚敢自祕。爰宗四經文義。條貫整理。揭示用法。詳列課式。務臻明白曉暢。易知易能。於龍首經諸占法。選其於人事適用者。彙爲十三門。並於各門。冠以占法大要。總挈綱領。爲占法篇。於金匱玉衡玄女諸經。存其精華。附

以例解爲通論篇文於書首增本原論併兩篇俾明
起課立式之法。至是體用具備。理法顯明。學者不難
循序以求。師古有獲。是又余之所深望者也。夫子曰。
述而不作。信而好古。因竊師其意。書成名之曰壬學
述古。并志其緣起。是爲序。
中華民國二十八年己卯仲冬上虞曹仁麟序於塋
梅書屋

# 壬學述古

## 凡例

一 本書爲昌明壬學古法而作。於課體神煞等門類。不列專篇。舍難取易。堪爲喜治壬學者。闢一終南捷徑。

一 本書本原篇。所列基本原則。祇限於壬式應用所需。其爲古法所不載及者。概予刪棄。俾歸簡易。

一 壬式中晝夜貴人起法。最關重要。各家互有異同。莫衷壹是。本書特予釐正。庶免毫釐千里之謬。

一　壬學起傳之法。較爲繁複。本書依據金匱經。僅取六類。難易迥別。而尤以涉害昴星兩類。與諸家起法不同。法簡義精。允資學者楷式。

一　本書占法各門。悉遵龍首經諸占。列爲課式。而於各門之首。復冠以占要大要總挈綱領。俾占者按圖索驥。自得心領神會之妙。

一　本書通論篇。僅列金匱玉衡玄女三經。不雜諸家學說。俾學者專師古法。不難一以貫之。

一　壬式所用專語。每於初見時。卽附以解釋。俾學者得以逐次通曉。無碚讀隔閡之虞。

一　吉凶趨避爲吾人所應知之事。本書占法篇所
採各門。亦僅限於人事所需。學者依法尋求。自
能迎刃而解。知所適從。

# 壬學述古目錄

## 卷一　本原篇

卷四　通論篇

# 壬學述古卷一

上虞曹仁麟述

## 本原篇

治壬學者。不明五行生尅。時令衰旺。以及天將月將等法。則起課時。無從入手。本篇採取黃帝龍首經占法。所需基本原則最爲適用者。分別敍列。而尤以晝夜貴人起法。與古今書藉相出入者。特予釐正。庶無舛誤學者練習純熟。自無臨占捍閡之弊。餘如歲月日時各種神煞。不下數十百種。凡爲龍首經所不引用者。概行删削。免滋龐雜。述本原篇。

（一）天干地支

天干凡十。即甲乙丙丁戊己庚辛壬癸是也。又甲丙戊庚壬五干爲陽。乙丁己辛癸五干爲陰。地支凡十二。即子丑寅卯辰巳午未申酉戌亥是也。又子寅辰午申戌六支爲陽。丑卯巳未酉亥六支爲陰。以干支所列順序。單爲陽。雙爲陰也。

（二）干支五行

甲乙寅卯屬木。丙丁巳午屬火。庚辛申酉屬金。壬癸亥子屬水。戊己辰戌丑未屬土。

（三）五行生尅

金生水。水生木。木生火。火生土。土生金。是謂相生。

金尅木。木尅土。土尅水。水尅火。火尅金。是謂相尅。

（四）五行五色

木青色。火赤色。土黃色。金白色。水黑色。

（五）五行四時旺相死囚休（旺相爲旺。囚死爲衰。）

春木旺。火相。土死。金囚。水休。（我當令者爲旺。如以木爲我。春木當令爲旺。我所生者爲相。我所尅者爲死。尅我者爲囚。生我者爲休。餘倣此。）夏火旺。土相。金死。水囚。木休。秋金旺。水相。木死。火囚。土休。冬水旺。木相。火死。土囚。金休。四時季月（即三六九十二月也）土旺。金相。水死。木囚。火休。

（六）五行生旺墓（古法僅取四長生。不用十干長生。）

木長生於亥。旺於卯。墓於未。火長生於寅。旺於午。墓於戌。金長生於巳。旺於酉。墓於丑。水土長生於申。旺於子墓於辰。

（七）十二支神名

子名神后。丑名大吉。寅名功曹。卯名太衝。辰名天罡。巳名太一。午名勝先。（他書作勝光誤。）未名小吉。申名傳送。酉名從魁。戌名河魁。亥名登明。

（八）十二支生肖

子肖鼠。丑肖牛。寅肖虎。卯肖兔。辰肖龍。巳肖蛇。午肖馬。未肖羊。申肖猴。酉肖雞。戌肖狗。亥肖豬。

（九）十二支分孟仲季

寅申巳亥四支屬孟。子午卯酉四支屬仲。辰戌丑未四支屬季。

(十)支三合

以五行生旺墓三方爲合。故名三合。卯亥卯未合木局。寅午戌合火局。巳酉丑合金局。申子辰合水局。

(十一)支四方

以地支位於東南西北四方而定。寅卯辰居東爲木方。巳午未居南爲火方。申酉戌居西爲金方。亥子丑居北爲水方。

(十二)支刑

寅刑巳。巳刑申。申刑寅。丑刑戌。戌刑未。未刑丑。爲朋刑
子刑卯。卯刑子。爲互刑 辰刑辰。午刑午。酉刑酉。亥刑亥。爲自刑

（十三）支衝

子午相衝。丑未相衝。寅申相衝。卯酉相衝。辰戌相衝。巳亥相衝。

（十四）十二月建

正月建寅。二月建卯。三月建辰。四月建巳。五月建午。六月建未。七月建申。八月建酉。九月建戌。十月建亥。十一月建子。十二月建丑。

（十五）十二月節氣（上半月為節 下半月為氣）

正月（立春 雨水）。二月（驚蟄 春分）。三月（清明 穀雨）。四月（立夏 小滿）。五月（芒種 夏至）。六月（小暑 大暑）。七月（立秋 處暑）。八月（白露 秋分）。九月（寒露 霜降）。十月（立冬 小雪）。十一月（大雪 冬至）。十二月（小寒

（十六）月將

即太陽所過之宮。正月雨水後。亥爲月將。查曆本。每月過中氣換將。如正月雨水爲中氣。二月春分爲中氣。餘類推。二月春分後。戌爲月將。三月穀雨後。酉爲月將。四月小滿後。申爲月將。五月夏至後。未爲月將。六月大暑後。午爲月將。七月處暑後。巳爲月將。八月秋分後。辰爲月將。九月霜降後。卯爲月將。十月小雪後。寅爲月將。十一月冬至後。丑爲月將。十二月大寒後。子爲月將。記憶之法。以正月起亥。逆數十二地支。即得。

（十七）十干寄宮

即天干所寄支位。甲寄寅宮。乙寄辰宮。丙戊均寄巳宮。丁己均寄未宮。庚寄申宮。辛寄戌宮。壬寄亥宮。癸寄丑宮。再括爲歌訣如左。（此爲起課時必需基本。須熟記。）

甲寄寅兮乙寄辰。丙戊寄巳不須論。丁己寄未庚申上。辛戊壬亥是其真。癸課由來丑上坐。分明不用四仲神。（子午卯酉爲四仲。見前。）

（十八）地支所藏天干五行

子宮藏癸水。丑宮藏己土癸水辛金。寅宮藏甲木丙火戊土。卯宮藏乙木。辰宮藏戊土乙木癸水。巳宮藏丙火庚金戊土。午宮藏丁火己土。未宮藏己土丁火乙木。申宮藏庚金壬水戊土。酉宮藏辛金。戌宮藏戊土辛金丁火。亥宮藏壬水甲木。

（十九）六旬孤虛（六十花甲依次分爲六旬。如從甲子至癸酉。爲甲子旬。以戌亥二支所餘之支爲虛。對衝爲孤。餘類推。

甲子旬辰巳爲虛。戌亥爲孤。甲戌旬寅卯爲虛。申酉爲孤。甲申旬子丑爲虛。午未爲孤。甲午旬戌亥爲虛。辰巳爲孤。甲辰旬申酉爲虛。寅卯爲孤。甲寅旬午未爲虛。子丑爲孤。

（二十）日遁時干

起課僅報時支。其時天干。則由日干推算而得。歌訣如左。

甲己還加甲。乙庚丙作初。丙辛從戊起。丁壬庚子居。戊癸何方發。壬子是真途。照上歌訣。如逢甲日己日。則從甲子時起。依干支順序推至本時。即得何干也。如逢丙日辛日。則從戊子時起。凡時均起於子。故又名五鼠遁。

貴人土 螣蛇火 朱雀火 六合木 勾陳土 青龍木 天空土 白虎金 太常土 玄武水 太陰金 天后水

（二十一）年命（古法統稱年命。不分行年本命。）卽其人所生之年。如子年生。則子爲年命。丑年生。則丑爲年命。

（二十二）十二天將名稱及所屬五行

（一）貴人（天乙亦名）屬土。（二）螣蛇屬火。（三）朱雀屬火。（四）六合屬木。（五）勾陳屬土。（六）青龍屬木。（七）天空屬土。（八）白虎屬金。（九）太常屬土。（十）玄武屬水。（十一）太陰屬金。（十二）天后屬水。

（二十三）起晝夜貴人法

甲日戊日庚日。晝占用丑。夜占用未。乙日己日。晝占用子。夜占用申。丙日丁日。晝占用亥。夜占用酉。辛日。晝占用午。夜占用寅。壬日癸日。晝占用巳。夜占用卯。歌訣如左。

甲戊庚牛羊。乙己鼠猴鄉。丙丁猪雞位。壬癸蛇兔藏。六辛逢馬虎。此是貴人方。

照上歌訣。如逢甲戊庚三日。晝占用上一字。卽以丑爲貴人。夜占用下一字。卽以未爲貴人。餘準此類推。

按六壬諸書。晝夜貴人取法。頗多異說。莫衷一是。十二天將。壬式所關至鉅。倘貴人取法錯誤。則滿盤悉無準憑。貽誤實非淺鮮。本歌係依據玄女經古法而定。依法取用。至爲允當。但晝夜之分。常例以卯辰巳午未申六時爲晝。酉戌亥子丑寅六時爲夜。其所值占時。正與實際晝夜相符。固用此法。若由占者隨口舉報一時。或用籌拈取。則晝間或得夜時。夜間或得晝時。將無所依據。今特分別規定。以報拈所得之時。爲立課盤之用。而定貴人之法。則以實際晝夜正時爲斷。即晝占報拈夜時。仍用晝貴。夜占報拈晝時。仍用夜貴。此與通常所用之法。亦有不同之點。須注意及之。

本篇所列基本原則。專爲便利練習本書立式應占所需之用。餘如驛馬德祿等名目尚多。而爲占法所不需要者。概不冗列。俾學者不苦繁難。自易通徹。亦述者之本意也。

# 壬學述古卷二

上虞曹仁麟述

## 課傳篇

先明本原。次立課式。爲占者所必經之程序。壬學諸家。於起傳發用。悉宗賊尅。比用。涉害。遙尅。昴星。別責。八專。伏吟。返吟。九法。本篇依據金匱經。僅取六法。而六法中之涉害類。止責深淺。昴星類。不傳中末。亦與諸書有别。程式至簡。記憶不難。學者實利賴焉。述課傳篇。

起課程序分爲下列五點

一定地盤　地盤。卽十二地支。由子至亥順序。排列東南西北四方所成之方形。此爲固定不易之盤。靜而不動。故曰地盤。列式如左。

| | | | | | |
|---|---|---|---|---|---|
| | | 南方 | | | |
| | 巳 | 午 | 未 | 申 | |
| 東方 | 辰 | | | 酉 | 西方 |
| | 卯 | | | 戌 | |
| | 寅 | 丑 | 子 | 亥 | |
| | | 北方 | | | |

二加天盤　天盤。卽以月將加於地盤時支之上。亦依地支由子至亥順序。布列而成。假如春分後清明前占課。月將在戌。（見本原篇）占者所報之時爲寅。則將戌字加於地盤寅字上。依次順布。卽得。但地盤定式。務

須預先熟記。起課時祇寫天盤。列式如左。

| | | | |
|---|---|---|---|
| 辰 | 巳 | 午 | 未 |
| 卯 | | | 申 |
| 寅 | | | 酉 |
| 丑 | 子 | 亥 | 戌 |

三布天將　天將。即貴人。螣蛇。朱雀。六合。勾陳。青龍。天空。白虎。太常。玄武。太陰。天后。十二將也。簡稱爲貴蛇朱六勾青空白常玄陰后。按照起貴人法（見本原篇）如甲日晝占。晝貴在丑。即將貴字（或寫一字）寫在天盤丑字上。舉例如次。

例（一）甲日亥將卯時晝占。晝貴在丑。即寫貴字在天盤丑字上。而臨地盤巳字上。如左式。

| | | | |
|---|---|---|---|
| 辰 | 巳 | 午 | 未 |
| 卯 | | | 申 |
| 寅 | | | 酉 |
| 貴丑 | 子 | 亥 | 戌 |

例（二）戊日亥將午時夜占。夜貴在未。即寫貴字在天盤未字上。而臨地盤寅字上。如左式。

| | | | |
|---|---|---|---|
| 丑 | 寅 | 卯 | 辰 |
| 子 | | | 巳 |

戌酉申未 貴

又貴人既定之後。依照十二天將順序。分布於天盤時。須先明順布逆布之法。（亦曰順治逆治。）若貴在地盤亥子丑寅卯辰六位上者。自亥左旋。經子丑等而前行爲順布。若貴在地盤戌酉申未午巳六位上者。自戌右旋。經酉申等而前行爲逆布。如例（一）貴人臨地盤巳字上。應逆布。例（二）貴人臨地盤寅字上者。應順布。茲再列式以明之。

白常　　常白

空丑寅卯辰亥　　亥辰巳午未空

例（一）

陰卯　　申青
后寅　　酉勾
貴丑子亥戌六
　蛇　朱

例（二）

青子　　巳陰
勾亥　　午后
六戌酉申未貴
　朱　蛇

四起四課　四課者。由日干（稱作日。）日支（稱作辰。）上各得兩課也。起法。先將日干寫在天盤右端上方。然後依十干寄宮例（見本原篇）查日干寄於地盤何宮。卽由此宮天盤所加之字。寫於日干上。（此天盤字稱作日上神。亦稱日陽神。）是爲第一課。再以日干上所得之字。寫於日干之左。看地盤此字上之天盤爲何字。卽寫於此字上。（此天盤字稱作日陰神。）是爲第二課。復將日支寫在第一二課之左端。與第一二謂之下一字乎。再從地盤查得支上所加之天盤爲何字。寫於支上。此天盤字稱作辰上神。亦稱辰陽神。是爲第三課。又將支上所得之字。寫於支之左端。看地盤此字上天盤爲何字。卽寫於此字之上。此天盤字稱作辰陰神。是爲第四課。舉例如左。

例　甲午日辰時亥將晝占

玄常

酉甲　陰　卯辰巳午　白

辰酉　后　寅　未　空

丑午　貴　丑　申　青

申丑　蛇　子亥戌酉　勾

朱六

解　甲寄寅宮。視地盤寅上得酉。寫於甲上。得酉甲。爲第一課。次將酉字寫於甲字之左。視地盤酉上得辰。寫於酉上。得辰酉。爲第二課。以上兩課。由日干而得。爲日上兩課。稱作日陰陽神。　復次將日支午寫於第二課酉字之左。視地盤午上得丑。寫於午上。得丑午爲第三課。又將丑字寫於午字之左。視地盤丑字上得申。寫於丑上。得丑申。爲第四課。以上兩課。由日支而得。爲辰上兩課。稱作辰陰陽神。

五發三傳　三傳者。即初傳稱作用神。中傳末傳也。初傳大都由四課上下相尅。或日即日干與神即四課上一字遙尅而得。中傳取初傳上神。末傳取中傳上神。是爲三傳。發用（初傳）之法。諸書共分爲九類。曰賊尅。曰比用。曰涉害。曰遙尅。曰昴星。曰別責。曰八專。曰伏吟。曰返吟。本篇則依據黃帝金匱經天一六壬發用。歸納爲六類。分述如次。

第一類　賊尅。（上尅下爲尅。下尅上爲賊。古法不分上下。統稱賊尅。）四課或僅有一課上尅下。或僅有一課下尅上。即以此一課之上一字。（凡發用無論上尅下下尅上。均用上一字。）發用。然後從地盤視初傳上天盤所加之字。爲中傳。中傳上天盤所加之字。爲末傳。

又四課中。有一或不止一課上尅下。而同時僅有一課下尅上者。則以下尅上之一課。上一字發用。仍如前法。從地盤視初傳上天盤所加之字。爲中傳。中傳上天盤所加之字。爲末傳。

例（一）十二月壬申日寅時子將晝占

酉壬　后午未申酉

后蛇六　未酉　貴巳　戌

午辰寅　午申　蛇辰　亥

辰午　卯寅丑子

六

解　第一課酉金與壬水第二課未土與酉金第四課辰土與午火均無尅惟第三課午火尅申金係上尅下。即以午爲初傳。查地盤午上得辰。辰上得寅。即以辰爲中傳。寅爲末傳。

例（二）六月甲辰日巳時午將晝占

卯甲　酉戌亥子

六勾青　辰卯　申　丑貴

辰巳午　巳辰　未　寅

午巳　青午巳辰卯

勾六

解　第一課卯甲。第三課巳辰。第四課午巳。均無剋。惟第二課辰卯。木剋土。係下剋上。卽以上一字辰爲初傳。查地盤辰上得巳。巳上得午。卽以巳爲中傳。午爲末傳。

第二類　比用。（比者同類之謂。陽與陽爲比。陰與陰爲比。）四課中不止一課

下尅上。或不止一課上尅下。而相尅之各課中。僅有
一課之上一字。與日干相比。即以此一字爲初傳。再
從初傳而得中末傳。同前例。

例一　正月壬辰日辰時亥將晝占

午壬　卯辰巳午后
貴
后勾玄　丑午　寅　未
午丑申　亥辰　勾丑　申玄
午亥　子亥戌酉

解　第一課午壬。水尅火。第三課亥辰。土尅水。第
四課午亥。同第一課。均下尅上。壬爲陽干。午

亦爲陽。與日相比。卽取午爲初傳。午上得丑
爲中傳。丑上得申爲末傳。

例二　八月壬辰日巳時辰將夜占

　　　青　空
戌壬　未申酉戌白
酉戌　午　亥
卯辰　巳　子
寅卯　辰卯寅丑
　　　貴

白　戌
空　酉
青　申

解　第一課戌壬。土尅水。第三課卯辰。木尅土。均
上尅下。壬爲陽干。戌亦爲陽。與日相比。卽取

戌爲初傳。戌上得酉爲中傳。酉上得申爲末傳。

第三類　涉害。四課中不止一課下尅上。或不止一課上尅下。又與日干俱比或俱不比。則各就地盤所尅。以其始入涉害深者。發用。如木被金尅。以木初入申酉金鄉。（申酉戌爲金方。見本原篇。）爲涉害深。已過申酉金鄉。爲涉害淺。又如火被水尅。以火初入亥子水鄉。爲涉害深。已過水鄉爲淺。餘均倣此。中末二傳。仍同前例。

按涉害之法。最爲繁複。諸書皆取受尅多者發用。如受尅之數又相等。則取所臨地盤四孟四仲四季上神。或日辰上神爲用。相沿至今。已成慣例。本

篇則依據金匱經立法以其始入涉害深者爲用
難易迴別。知古法最尚簡也。
例　正月辛酉日午時亥將晝占

卯辛　丑寅卯辰
蛇空后　申卯　空子　巳后
未子巳　寅酉　亥　午貴
未寅　戌酉申未蛇

解　第二課申卯。上尅下。不取第三課寅酉。下尅上。與日不比。亦不取。惟第一課卯辛。與第四課未寅。均下尅上。又卯未均爲陰。俱與日干辛相比。則先視天盤卯。所臨地盤戌位。是巳過申酉金鄉而入戌。爲涉害淺。再視天盤未所臨地盤寅位。是初入寅卯木鄉。爲涉害深也。卽取未爲初傳。未上得子爲中傳。子上得巳爲末傳。

第四類　遙剋四課均無剋。則取四課上神遙與日干相剋者。發用。若四課上神又無一剋日干者。則取日干所剋四課上神。發用。若有兩神剋日干。或日干剋兩神。則取與日干比者。發用。中末兩傳。仍同前例。

例一　正月巳卯日寅時亥將晝占

空

辰巳　巳午未申

貴玄空　丑辰　辰　酉玄
子酉午　子卯　卯　戌
酉子　寅卯子亥
貴

解　四課上下俱無尅。獨第三課上神子水。爲已土日干所尅。卽以子爲初傳。中末兩傳。仍同前例。

例二　七月壬辰日寅時巳將夜占

陰
寅壬　亥子丑寅
白陰蛇　巳寅　白戌　卯貴

戌丑辰　未辰　酉　辰蛇

戌未　申未午巳

解　四課上下俱無尅。第三課上神未土。第四課上神戌土。均遙尅日干。壬為陽干。戌亦為陽。與壬相比。則取戌為初傳。中末二傳同前例。

第五類　昴星。（昴為酉宿。故名。）四課又無遙尅。則陽日（亦稱剛日。）取地盤酉上之神發用。陰日（亦稱柔日。）取天盤酉下之神。發用。本篇依據金匱經。僅取初傳。不傳中末。

例一　正月戊寅日未時亥將晝占

貴

酉戊　子丑寅卯

貴
丑酉 亥 辰
丑〇〇 午寅 戌 巳
戌午 酉申未午
陳
四傳全無剋。又無遙剋。戌係陽日。則視地盤酉上得丑。卽取丑發用。不傳中末。

例二 正月己丑日申時亥將晝占

貴
戌巳 亥子丑寅
空
丑戌 戌 卯
午〇〇 辰丑 酉辰丑辰
未辰 申未午巳
空

四課亦全無尅。又無遙尅。己係陰日。則視天盤酉下得午。卽取午發用。不傳中末。

第六類　復吟。今作伏吟　天地盤相同。爲復吟。不論有無賊尅。陽日取日上神。陰日取辰上神發用。中傳取初傳所刑。末傳取中傳所刑。如初中傳自刑。則取其衝。刑衝見本原篇。

按伏吟法。諸書均以有尅。仍取爲用。與金匱經異矣。

例　十月甲子日寅時寅將夜占

寅甲　后申酉戌亥

青　朱　后

寅寅　貴未　子

寅巳申　子子　午　丑

子子　朱巳辰卯寅青

百　天地盤同位。甲係陽日。取日上神寅發用。寅刑巳。巳刑申。卽以巳申。爲中末傳。

按課式多至七百有餘。其取用之法。要不外上列六類。已足概括。壬學諸家。尚別爲別責八專返吟三類。爲金匱經所未載及。今悉予删除。至課體名目。諸家復別爲六十有四。要其大體。已詳本書通論篇中。不另分立課體。用臻簡易。

# 壬學述古卷三

上虞曹仁麐述

## 占法篇

占斷事物。知所趨避。關係吾人至鉅。壬學諸書。對於占斷法門。類神尅應。愈演愈繁。至難精約。本篇依據龍首經諸占。詳加條貫。勘其謬誤。括爲十二門。凡所舉事。要在神將旺相。日辰相生。與夫日辰陰陽用傳。及人年命中。有其物類。卽爲吉占。所求必遂。奚用穿鑿附會。曲意尋求。學者熟習占法。運用心靈。百不失一。述占法篇。

## 田蠶門

占法大要　日辰陰陽（卽四課上神）。及用傳（卽三傳）。中須有其物類。如蠶以勝先（午）（如占蠶。須有午字在課傳中也。餘類推）。禾以功曹（寅）太沖（卯）。黍小豆以太一（巳）勝先（午）。麥以傳送（申）從魁（酉）。稻大豆以登明（亥）神后（子）。麻以大吉（丑）小吉（未）之類是。日辰上神有王（王與旺同）。相氣（如春以木爲旺。以火爲相。見本原篇）。並與物類相生。又欲天一（卽貴人）所居神及太歲上神與物類相生。其物類神須得吉將（凡稱神卽天盤上之十二支。將卽十二天將。又以子寅午申丑未爲吉神。貴六龍常陰后爲吉將。下倣此）。而不相尅。又無令魁（河魁（戌）也）罡（天罡（辰）也）蛇虎臨日（日干也）辰（日支也）。凡此皆爲大吉之占。再凡占。如日辰陰陽中神將已備具所占條件。則不必再起三傳。蓋古法最尚簡也。

### 附占田蠶種五穀好惡法

正日時。古人占事。均以初動作時占之。為正日時。今即作占時可也。下倣此。欲令今日日辰上神。多王相氣。與所欲為物類神如占蠶。以蠶為所欲為物類神。相生。又欲天一所居神與太歲上神相生物類神。貴人為天將之首。太歲為年中主宰。故均欲與類神相生也。即大吉。日辰陰陽及用傳中有其物。必成熟也。無令魁罡螣蛇白虎。辰戌為貴人不臨之地。蛇虎為最凶之天將。囚死。如春以金為囚。以土為死。見本原篇。臨日辰者凶。物類者謂蠶以勝先。禾以功曹太衝。黍小豆以太一勝先。麥以傳送從魁。稻大豆以登明神后。麻以大吉小吉。假令欲占蠶。日辰陰陽及用傳中有勝先，因而三傳勝先，皆得吉神將，得天一所居神與太歲上神相生勝先，卽大吉也。

假令太歲在辰，四月戊辰日中時（日中午時也），占蠶好惡。

以月將申加午時，得式如次。

空未戌　戌亥子丑貴

常酉未　常酉　寅

青午辰　白申　卯

白申午　空未午巳辰

青

勝先臨辰，此爲有其物類。太歲上神自得勝先（太歲在辰，地盤辰上爲午。）將得青龍，神將相生。（謂青龍屬木，生勝先火也。）天一在大吉丑不與勝先午相尅太歲日辰上神皆有王相之氣太歲日辰上神午火未土。四月爲王相。無有災害諸物類等均倣此若物類神與太歲上神相賊。尅也天一所居神相尅日辰陰陽中無其事類則爲凶敗也。

## 家宅門

占法大要　如占居住須日辰上神及神陰。日辰上神及神陰。卽四課上神。井得吉神將有王相休。如春以水爲休見本原篇。氣上下相生者吉。　如占建造無令太歲臨今日日辰及所欲治地。謂所欲建造之地。又無令魁罡蛇虎臨今日日辰又欲大吉丑勝先午功曹寅等吉神在日辰陰陽中與日辰相生。并視本月建上神將吉凶。吉將即天一。六合。青龍。

太常。太陰。天后。凶將。卽白虎主死喪。玄武主遺亡。勾陳主鬬訟。朱雀主口舌。螣蛇主怪異。天空主衰耗也。

附占宅舍可居否法

正日時。視日辰上神神陰。得吉神將。有王相休氣。上下相生。可居吉。若凶神有囚死氣。上下相賊。卽凶。不可居。以尤者言其形狀。假令白虎死喪。天空虛耗。他效此。

又占諸架屋舉百事吉凶法

正日時。無令今年太歲陽神。（卽本太歲）臨今日日辰及所欲治地。又無令魁罡蛇虎。臨今日日辰。大凶。欲使大吉（丑）勝先（午）功曹（寅）在日辰陰陽中。與日辰相合。（卽相）

生也卯大吉。欲入廬舍。效此。以日辰上神將言其吉凶。將得白虎。多死喪。將得玄武。多亡遺。將得勾陳。多鬭訟。將得朱雀。多口舌。將得螣蛇。多怪異。將得天空。多衰耗。治生不成。六畜不蕃息。

假令今年太歲在卯。八月甲戌。日出時。日出卯時也欲架屋蓋屋。

以月將辰加卯時。得式如次。

玄

朱卯甲　酉戌亥子

辰卯　申　丑貴

亥戌　未　寅

子亥　午巳辰卯朱

太衝爲太歲陽神臨甲將得朱雀魁爲玄武臨酉酉爲八月建日辰陰陽中無大吉勝先功曹又太歲陽神下臨日以舉百事大凶假令是日時欲治寅地居爲在太歲陽神下亦大凶他放此

## 交際門

占法大要　如占謁貴欲令所見事類神將如王者以天一諸侯以太常將軍以勾陳二千石以青龍令長以朱雀夫人以天后婦女以神后之類是今官秩已改可用相當職位比儗之上下自相生非必在日辰陰陽中不在日辰陰陽中卽看天地盤相加之神是否上下相生亦可並欲日上得吉神將有王相氣與

事類相生。人年上神。又與事類不相尅。則喜悅易見
如占饋遺。欲今日之辰上神王相。又欲令所遺神。（我欲贈與之人。）好（卽相生也。）辰上之神。及所奉物類神。如田宅以
勝先。穀米以大吉。雞狐犬以河魁。豕以登明。羊雁酒
食以小吉。奴婢飛鳥蟲豸以從魁。虎狼野物以功曹。
船車駱兕以太衝。刀兵璧玉以傳送。蛟魚水族以天
罡。又布帛衣服以太常。錢財寶物以青龍。皮革以白
虎之類。必喜受也。　如欲知其人在否。視其人鄉上
神。（卽看地盤其人所居何方之上神。）與日比者爲在。不比則否。　如占求
師。以日爲弟子身。辰爲所學者。時下辰（卽時支也。）爲師。欲
令時下辰加日辰上。上下相生。爲子加母。必蒙見納。

又日辰上得吉將。有王相休氣。其用神（卯初傳。）終於吉神將。（中末傳有吉神將。）有王相氣者吉。無令日辰上下相尅。其用神又終於神上之墓。（如初傳爲寅卯。末傳爲未。爲終於神上之墓。）而無氣者。爲所學無成。

## 附占欲上書奏記見貴人法

欲上書奏記及見貴人。皆欲令所見事類神將。上下自相好。（謂神與將不相剋賊。）所臨上下相生。即大吉得福。非此者凶。假令上書欲見王者。天一居金火土。而加金火土之辰。（凡稱辰者卽地盤之十二支也。）見諸侯以太常。見將軍以勾陳。見二千石以青龍。見令長以朱雀。他效此。非必在日辰陰陽中。宜視其事類神將。觀其所喜善惡也。所應喜歸子毋。子毋卽相生之謂。如爲所喜須天地盤上下相生也。

又占諸吏謀對計簿當見上官知喜怒法

正日時。視日上得吉神將有王相及休氣。與所欲見事類神將相生。卽吉。假令欲見王者以天一。諸侯以太常。將軍以勾陳。卿相二千石以青龍。令長以朱雀。與日辰人年上神相生。卽喜悅所言。并見聽。非此者皆凶。假令欲見將軍。勾陳所居神。賊日辰人年上神。卽怒也。日辰人年上神賊勾陳。則將軍不肯見。故雖不相生。亦不欲相賊。如不得相生。則不剋亦吉。

又占欲獻寶物以遺尊貴知受否法

今日之辰王相。又欲令所遺神。好辰上之神。及其所奉物類神。即見物喜而愛敬也。假令奉王者以天一。諸侯以太常。乃至令長丞尉以朱雀。皇后夫人以天后。庶人婦女以神后。此爲諸所遺者也。假令欲獻物類等。謂田宅以勝先。穀米以大吉。雞狐犬以河魁。豕以登明。羊雁酒食以小吉。奴婢飛鳥蟲豸以從魁。虎狼野禽以功曹。船車駱兎以太衝。刀兵璧玉以傳送。蛟魚水族以天罡。布帛衣服以太常。錢財寶物以青龍。皮革以白虎。田蠶以勝先之類是也。皆欲令所遺神將好之辰上之神。將得天空。物損而無得。若相好而受者。即蒙其福也。

假令三月辛卯日食時。日食辰時也欲遺二千石以璧玉。

以月將酉加辰時。得式如次。

卯辛　丑寅卯辰

申卯　子　巳

申卯　青亥　午貴

丑申　戌酉申未

朱

傳送爲朱雀臨卯。登明爲青龍加午。青龍爲所遺神。傳送爲奉物。又爲辰上神。而青龍所居神好之。（謂申金與亥水相生也）二千石必喜所奉物。必得福報也。

又神樞經曰。假令二月乙卯日午時。欲遺二千石璧玉。

以月將戌加午時。得式如次。

申乙　貴子丑寅卯
子申　亥　辰
未卯　戌　巳
亥未　酉申未午

青

傳送爲所奉之物。又爲日上神。而青龍所居神好之。此爲二千石必悅而受之也。好之者。爲神相生也。彼人魁所貢之物。爲貪而受之。若畏所貢之物。謂奉物剋所遺神則不敢受也。

又占人亡所在吉凶法

正日時。視所問人鄉上神。與今日比者在。不比者爲不在也。假令今日甲。若問午地人在否。午上神得傳送。與甲爲比。比謂有甲申之例也。則所問人在矣。假令午上神得大吉。無甲丑。爲不比。所問人不在。

又占弟子始事師得成達否法

日爲弟子身。辰爲所學者。時下辰爲師。欲令其子加毋時。（謂時下辰加臨日辰上而相生）必見受。得成達於師。又欲令日辰上得吉神將。有王相休氣。上下相生。其發用神終於吉神將。有王相氣者吉。無令日辰上神。上下相賊。其發用神。又終於神上之墓而無氣者。（囚死爲無氣）憂學不達也。

官吏門

占法大要　如占升遷。日辰及人年上。得吉神將。上下相生。有王相氣。必遷。休氣罷退。囚死氣罪責。惡神將傳得吉神將。爲有救。無令魁罡蛇虎玄武。臨日辰及人年。並忌墓神加日辰人年。文官欲得青龍。武欲得太常。在日辰陰陽及傳中。並欲與日辰相生。不欲賊尅。欲知遷期。以日離青龍太常幾辰。（辰位也。）定歲。辰離龍常幾辰。定月。（日辰言地盤。龍常言天盤。）龍常所加之神。以其所屬五行。定日。又以魁離今日之時辰幾辰。爲月或日之期。如占居官安否。以日辰人年上。得吉神將。王相休氣。上下相生者爲安。若神將凶。上下相尅。爲不安。得朱雀言訟事。玄武言遺亡盜賊事。傳送有往來事。

如占蒞任。愼無令人年上神。賊初拜除日。又無令所出門上神。卽蒞任之方。賊人年上神。並欲龍常與日辰相生。　如占參劾事解否。以日辰上得吉神將。王相相生。或功曹與吉將并青龍與吉神并。均爲解。又用神終見其子有救者。亦爲事解。　如占文書至否。以功曹登明臨日辰。或傳見其子。均爲至也。

附占諸吏吉凶法

將及小吏。始入官臨政視事時。愼無令人年上神。賊初拜除日。卽受任命之日。又無令所出門上神。謂所蒞方向。賊人年上神。文官欲得青龍。武官欲得太常。與日辰相生。不欲相尅。神樞經曰。文官武官。必令日辰陰陽及用傳

中。有青龍太常者吉也。假令人年立丑。以甲乙日拜
官署事。始到官視事時。從魁臨丑。此謂人年上神賊
初拜除日也。謂從魁（酉）剋甲乙日。　假令人年立亥。小吉臨之。未爲
午上神　而南之午地。視事時功曹臨午。寅爲門上神　此謂出門
上神賊人年上神也。謂寅木剋未土　文官視事。青龍在勝先。此
謂與日相生。謂午火與甲乙相生　必遷。欲知遷官日期。以辰離青
龍太常爲月期。以龍常所臨辰爲時期。

假令三月甲戌日未時。文官欲入官視事。

以月將酉加未時。得式如次。

辰甲　戌亥子丑貴

青午辰　酉　寅

子戌 申 卯
寅子 未午巳辰
青

勝先爲青龍臨辰。與日相生。午火與甲木相生也。必遷。欲知何期。以日離青龍三辰。謂地盤寅距天盤青龍三位。爲三歲。辰離青龍七辰。謂地盤戌距天盤青龍七位。爲七月。青龍所居之神主土。謂青龍在地盤辰上。辰之五行屬土。其日戊己。青龍加辰爲時期。後三歲七月戊己日辰時。遷官他效此。又日生青龍太常。爲遷在外。青龍常生日爲遷在內。內者坐遷增秩。卽不能備此法者。愼無魁罡蛇虎玄武臨日辰。人年惡加其墓。甲乙墓在未。丙丁墓在戌。庚辛墓在丑。壬癸墓及戊巳墓並在辰。（古法水土長生均在申。故壬癸戊己墓均在辰。）神樞經曰。凶期以青龍太常所畏爲憂期。（如青龍爲午火。憂壬癸亥子日期也。）以四時之氣休老囚死爲所坐輕重。他放此。（王氣所勝憂官事。相氣憂錢財。休氣憂病。囚氣憂囚繫。死氣憂死喪。見下金匱章。）

又占諸吏吉凶遷否法

日辰及人年上得吉神將。上下相生。其神又有王相氣。加王相鄉。（謂所加地盤亦得王相氣。）爲得遷。非此者皆凶。得休氣免官退職。因氣拘繫。上下又相賊有罪。死氣凶惡神將傳得吉神將。有救。日上神王相吉。爲遷。年上神將王相吉。亦遷。日年上神皆凶。辰上神雖善。爲不遷。日辰年皆吉。爲遷不移也。欲知遷期。以魁離今日之辰爲期。（魁指天盤言。今日之辰。指地盤言。）假令今日之辰是寅。魁加午。爲在後五日或五月。（謂寅距午五位也。）他效此。又金匱曰。用神加孟仲遷在內。加季在外。

又占諸吏安否法

日辰人年上得吉神將休氣。上下相生者。爲安官。其有王相氣者遷。其神將凶。有王相氣。上下相生。亦安官。上下相賊。不安官。神將凶俱有氣。又上下相賊者。彌不安也。得傳送有往來事。得朱雀口舌訟事。得玄武亡遺憂疑事。神樞日。日辰陰陽俱休囚者。當失職也。

又占人奏劾事解否及文書至期法

日辰上得吉神將。有王相氣相生吉又。功曹與吉將并青龍與吉神并者。亦皆吉。及用神終見其子（謂中末傳爲初傳所生）有救者。爲事解。無救者爲不解。如望文書。以功曹登明臨日辰爲至。傳見其子。亦爲至也。

## 貨殖門

占法大要　如占市利。須日辰陰陽中有其物類。如求財。有青龍小吉。（未）求繒綵絲帛。有太常。求田蠶有勝先。（午）又如經營商賈以傳送。（申）田事以大吉。（丑）布帛以神后。（子）皮革以白虎。舟車以六合太衝。（卯）奴婢以從魁。（酉）虎豹以功曹。（寅）鹿兎以太衝。（卯）野獸豕以登明。（亥）鳥以從魁。（酉）馬以勝先。（午）粟以木神。黍小豆以火神。麥以金神。麻以土神。稻大豆以水神之類是。又日辰上神及人年上神。與物類神相生。太歲上神不剋人年上神。又欲所往方上。有吉神將。有王相氣。與人年上神不相賊。其始行正日時。無令辰上神與行者年所立地辰（卯人年本位）相賊尅。如占蓄集。所欲物類。在日辰陰陽及用傳中。又與人年上神相生者。可蓄集。其用神始於無氣。終於王相。即前利少後利多。非此皆凶。如牲畜。視日辰上神無魁罡蛇虎。其物類有王相氣。臨有氣之鄉。（謂所加地盤亦有氣也。）可畜多利。如舟車。視日辰上神陰陽及用傳中。有六合太衝與吉將并。又與日相生者。可乘。與凶將并賊今日者。勿乘。與玄武丼主逃亡，白虎丼主死喪。如奴婢，視日辰陰陽傳中，從魁與吉將丼，有王相休氣，又與日辰相生，利主可畜。其發用神，上賊下爲吉，下賊上爲譖主也。如占捕獵，始行時日辰上神與人年上神賊所求物類神，即得。若物類神賊日辰人年上神，爲不得。如占買賣，賣者欲今日之辰王相，買者欲今日之辰囚死，皆欲物類神在日辰陰陽及用傳中，與今日日辰上神相生，則賣者可售，買者可得。若日上神賊物類，客不肯取；辰上神賊物類，主不肯與，交易不成。

附占諸欲行求事法

以始行正日時，無令今日辰上神傷行者年所立地辰。所立地辰亦勿令傷辰上神。若傷辰上神。是謂相刑。其事不成也。假令年立已。而今日丙寅。神后臨寅。此辰上之神傷人年所立地辰也。假令是日時。神后臨寅。人年立辰。此爲年所立地辰傷辰上神也。法欲有求作者。欲令今日日辰陰陽及用傳中。有其事類。事類者。謂求財欲得青龍。小吉。求繒綵欲得太常。求蠶欲得勝先之比也。故式經云。辰上神傷其地年。（卽年所立地辰）所求難得。後自亡遺。

又占諸市賈求利吉凶法

正日時。欲令今日之日辰上神及人年上神。與所欲爲市賈物類相生者。吉。又欲今日日辰陰陽中。有小

吉青龍。青龍所居神與今日日辰上神相生者吉。太
歲上神不尅人年上神。人年上神不制青龍者吉。又
欲令所往至之地上。有吉神將。有王相氣。與人年上
神不相賊。市估有利。
　假令九月戊子日。日昳時。未時也 欲爲估市。人年立
巳。太歲在寅。
　以月將卯加未時。得式如次。

丑戌　辰巳午未
酉丑　卯　申青
青申子　寅　酉
辰申　貴丑子亥戌　年　歲

大吉為天一臨於巳。丑為人年上神傳送為青龍臨子。此為有其物類。青龍為其物類其日辰及人年上神。與青龍所居神相生。人年上神為丑。青龍為申。日辰上神亦為丑申。土金相生。又大吉臨人年。魁臨太歲。不與人年神相賊。而北出傳送下。謂往青龍所居之方大吉利。雖先備二吉一凶。亦可用。但務令日辰人年上神相生物類也。又式經云。審問所之之鄉。東西南北四維。得與年相生。多王相氣者。即估市有利。不逢盜賊。所居見好。所欲皆得。青龍居有氣之神。而加有氣之鄉。即得財。若青龍制人年。即無所得。

又占今年舉百事商賈田蠶法

以日辰及人年上神將言之。假令得傳送青龍。及王相之氣。可爲商賈。得勝先大吉。皆宜田蠶。亦以所欲類神上得凶者言所主。得玄武爲亡遺。餘效此。

又占諸欲蓄集何者好法

正日時。各以其物類。在日辰陰陽及用傳中。有其物類。類類又與人年上神相生者。吉利可爲畜集也。直用神始於無氣。終於王相。卽前利少後利多。非此者皆凶。所言物類者。粟以木神。黍小豆以火神。麥以金神。麻以土神。稻大豆以水神。絲棉以太常。布帛以神后。皮革以白虎。田蠶以勝先。

假令七月甲子日。雞鳴時。（丑時也）謀欲收麥。

以月將巳加丑時。得式如次

辰申子

午甲　子丑寅卯
戌午　亥　辰
辰子　戌　己
申辰　酉申未午

貴

天罡加子。陰上神得傳送。傳送金神。爲麥類。在用神陰陽中。假令人年立申。申上得神后。與傳送相生。爲物類與人年上神相生也。爲可收。用起天罡。天罡氣休老。（七月金旺。天罡屬土。爲休老。）傳終皆得王相氣。（中傳申金爲旺。末傳子水爲相。）爲後多利。他效此。

又占諸欲畜生類可得否法

正日時。視日辰上神。無魁罡蛇虎。卽吉可畜收。視其物類神。王相臨有氣之鄉。爲吉多利。魁罡所加。不宜畜也。假令魁罡加未。羊不可畜。加亥。猪不可畜。他效此。

又占欲買車舟吉凶何如法

正日時。視日辰上神陰陽及用傳中。有六合太衝與吉將并。又與日相生者吉。可乘。爲利主。與凶將并。賊今日者。損主勿乘。假令太衝與玄武并者。乘而亡之。與白虎并。數載死。他皆效此。

又占奴婢下賤利主否法

正日時。視其日辰陰陽及用神傳中。從魁與吉將并。

有王相休氣與今日日辰相生。宜主。直用神上賊下。皆爲吉。親附蕃息。從魁不在日辰陰陽及用神傳中。又與惡將并而賊今日。又用神下賊上。爲慢諂欲害其主。

假令八月壬子日日昳時。未時也 占奴婢吉凶。

以月將辰加未時得式如次

亥申壬 貴巳午未申亥

巳申 辰 酉常

常酉子 卯 戌

午酉 寅丑子亥

午卯子

傳送爲玄武臨壬。從魁爲太常臨子。從魁與壬而王相相生。又在日辰陰陽中。勝先爲用而臨酉。上賊下。

此時占下賤皆好。

又令十月乙卯日黃昏時。（戌時也）占奴婢。

以月將寅加戌時得式如次

申乙（貴）子丑寅卯

子申　亥　辰

未亥卯

未卯　戌　巳

亥未（六）酉申未午

從魁爲六合臨巳。不在日辰陰陽中。又賊日。（酉金剋乙木也）小吉爲用臨卯。下賊上。爲慢誕害主。不可畜也。

又占人欲製新衣吉凶法

正日時。欲令日辰上得吉神將。有王相氣。又令青龍太常。在日辰陰陽中。其所居神（謂青龍太常）與今日日辰相生者吉。非此者凶。縱青龍太常不在日辰陰陽中。但視青龍太常所居神。與今日日辰相生者。亦吉也。

又占捕獵得否法

始行時。欲令今日日辰上神與人年上神。賊所求物神。即日得。若物類神賊日辰上神。又尅人年上神。爲凶不可得也。所謂物類者。虎豹以功曹。鹿兔以太衝。野獸豕以登明。鳥以從魁。馬以勝先。

又占買賣財物六畜知售否法

賣者欲使今日之辰王相。買者欲使今日之辰囚死。

皆令物類之神。在日辰陰陽及用傳中。與今日日辰相生。即吉。賣者可售。買者可得。若物類神不在日辰陰陽中及用傳中。又與日辰上神相賊。俱不得其所。

假令十月癸亥日日昳時。占人買賣牛。

以月將寅加未時。得式如次。

貴

申癸　卯辰巳午

卯申　寅　未

午亥　丑　申

丑午　子亥戌酉

勝先臨亥。陰上得大吉。爲物神在陰陽中。又與日辰上神不相賊。賣與買兩得其所。

又令庚辰日卜賣牛。月時同上。

以月將寅加未時得式如次。

卯庚　卯辰巳午
戌卯　寅　　未
亥辰　貴丑　申
午亥　子亥戌酉

太衝臨庚。陰上神得河魁。登明臨辰。陰上神得勝先。大吉不在日辰陰陽中。是無其類矣。日辰上神皆與大吉相賊。謂卯木亥水與丑土相賊 買賣兩不得所。假令今日日上神賊大吉。客不肯取。辰上神賊大吉。主不肯與。日辰上神俱賊大吉。妄有所語。交易不成。他效此。

## 婚孕門

占法大要　如占求婦。欲日辰陰陽中有天后類神。上下相生。不與日辰上神相賊魁。又日辰上神。亦勿令相賊魁。欲知好醜。以天后王相爲好。囚死爲醜。欲知夫婦相安否。視二人年上神相生者吉。相賊者凶。

如占胎孕。視占時與日比者爲男。不比者爲女。又法天罡加陽爲男。加陰爲女。

### 附占求婦女法

正日時。視陰陽中有天后神。上下相生。而日上神與辰上神。又不相賊魁。即可得。若日辰陰陽中無天后神。天后上神與日辰上神相賊者。不可得也。

又占求婦女有兩三處此婦女可取誰者爲良法

欲取。求其鄉上神有與天后神相生者。可取也。假令九月甲子日平旦時。寅時也 求申鄉女。午鄉女。辰鄉女者。

以月將卯加寅時得式如次

卯甲　酉戌亥子后

辰卯　申　丑貴

丑子　未　寅

寅丑　午巳辰卯

以神后爲天后臨亥。申鄉上神得從魁。午鄉上神得小吉。辰鄉上神得太一。小吉土。太一火。與天后神相尅賊。獨從魁金。與天后神相生。即取申鄉上女爲吉。欲知婦好醜。天后王相爲好。囚死爲醜也。

又占夫婦相安否法

各以其年上神。相生即吉。相賊即凶。夫年上神賊妻年上神。妻有咎。妻年上神賊夫年上神。夫有咎。神樞經曰。夫妻和睦與否。皆視日辰。若吉神善將臨日辰。上下相生者爲和。若惡神將臨日辰。上下相尅者。爲不睦也。一云。三傳內人本命相入（謂有其本命）爲和。反吟（不相入也）不和。一云。日辰上辰相生。與吉將并者。妻妾安其室。日辰上下相尅。神將內戰者。神與所并將相尅。爲內戰。不安其室。

又占懷孕爲男爲女法

正日時。視時下之辰。卯時支也與今日比者。男。假令甲日。時加午。卯午時甲午爲比。比者生男。假令今日甲。時加未。未爲時下之辰。無甲未。爲不比。生女無疑也。又一法。以天罡占之。天罡加陽爲男。加陰爲女。

## 旅行門

占法大要　如占出行。欲令日辰及人年上。得吉神將。有王相休氣。又令陰陽中有傳送類神。得吉將。卽大吉。勿令魁罡臨所出門上。卽所出之方所出門上神。又不可傷行者年上神。如日辰陰陽中無傳送類神。但視傳送上有吉將。亦吉。　如占入山取物。日辰上神陰得吉神將。有王相休氣。上下相生者。吉爲得物多。神陰得凶神將囚死。上下相賊者凶。日上神陰凶者尤甚。辰上神陰凶者可忍。　如占涉江。以日辰上神陰得吉神將。有王相休氣。上下相生者吉。

附占欲遠行使出吉門法

始行時。欲令今日日辰人年上得吉神將。有王相休氣。并得傳送類神。而出傳送下。即大吉愼無令魁罡臨所出門上。所出門上之神。又不可傷行者年上神。門上神者所出入門也。

假令八月甲申日卯時。行者年立戌。欲行之午。方[illegible]

也

以月將辰加卯時。得式如次。

行者年

卯甲　酉戌亥子

辰卯　申　丑

酉申　所出門未　寅

戌酉　午巳辰卯

戌上得登明。午上得小吉。小吉傷登明。未土剋亥水此爲門上神傷行者年上神也。門傷行者之年。道必有殃。年傷門。行者不安。必有疾病而還。又到日時。無令賊剋發之日時。初發時卽出行時也假令始行之日以甲乙。時加寅卯。

愼勿以庚辛日申酉時到也。又勿令陰陽中絕其類。謂凡欲出行。欲令日辰陰陽中有傳送。傳送上遇吉將。則行者吉。有凶將則行者凶也。假令行時。傳送不在日辰陰陽中。直視傳送上有吉將亦吉。不可有惡將也。假令遇凶將。是螣蛇爲驚恐。朱雀口舌拘留。勾陳見鬬戰。玄武遺亡。天空見耗病。所求不遂。白虎死喪。他效此。

又占欲入山取物法

正日時。視日辰上神陰。得吉神將。王相休氣。上下相生者吉。爲得物多。陰得凶神將囚死。上下相賊者卽凶。必有陰雨泥塗爲敗。此謂陰凶逢雨。將得白虎。逢

惡斂獸將得玄武爲寇盜日上神陰凶者尤甚辰上
神陰凶者可忍。

假令七月庚寅日寅時。占入山。

以月將巳加寅時。得式如次。

貴
朱亥庚　朱亥子丑寅后
后寅亥　戌　　卯
常巳寅　酉　　辰
青申巳　青申未午巳常

登明爲朱雀臨庚。太一爲太常臨寅。功曹爲天后爲
登明陰。傳送爲青龍爲太一陰。日辰俱吉。所求必遂。

又占欲入深水渡江河法

正日時。視日辰上神陰得吉神將。有王相及休氣。上下相生者卽吉。反此者凶。以風波爲害。

假令八月甲子日未時占涉江。

以月將辰加未時。得式如次。

　　　青
陰亥甲　巳午未申白
白申亥　辰　　酉常
常酉子　卯　　戌
青午酉　寅丑子亥陰
　　　貴

登明爲太陰臨甲。從魁爲太常臨子。傳送爲白虎臨亥。勝先爲青龍臨酉。神陰俱吉。可渡。

行人門

占法大要　如占歸期。東南方行人。以酉爲限。子上神爲至期。西北方行人。以卯爲限。午上神爲至期。假令行人在正西。即視天盤之酉。加戌爲已發。戌爲酉之前一位。故爲已發。加子爲半道。加卯爲得限。當來。以午上神爲至期。午上神得神后。以壬癸亥子日至。若過限。爲不來。如酉人加辰巳午未申酉上。爲過卯限。自辰至酉均爲卯之前位。故爲過限。欲知何事相留。則視行者所在方上。如酉人視地盤酉上。得何將。言其吉凶。得青龍太常。爲錢財酒食相留。得白虎勾陳爲傷害鬬爭事相留。又法視所爲事類。如貴人以天一。父母以太常。兄弟以太陰。婦人以天后。子孫以六合。夫以青龍。奴婢以天空。加今日日辰爲來。過限爲不來。又以用神占者。如甲乙日占用得巳午神者。爲將至。用得亥子神者。爲背日不來。又占行人應至而不至。乃以日支前四位上神爲至日。（如午日占。前四位爲戌。看）（地盤戌上是寅則寅日到。）又用起本日之生旺神爲至。遇墓爲不至。（生旺墓見本原篇）一說占家內人用起生旺墓皆至。又法天罡臨日辰人年立至。天罡順繫爲至。逆繫爲不至。（如望西方人。）（天罡在北東方爲順。在南西方爲逆。）如占行者吉凶。視行人年立辰之陽神。（卽天盤人年）與吉將并臨有氣之鄉。上下相生爲吉。反此。

及臨年命本墓或日墓者。皆凶也。若不知行者年。則視日辰陰神。與吉將并者吉。 如行者占家內吉凶。但視辰上神之陰。得吉神將。王相休氣。上下相生者吉。

## 附占諸望行者吉凶來否法

必當視所至地之陽神。（如所至地爲酉。天盤之酉。卯爲陽神。）以卯酉爲限。（卯酉係地盤方位）以子午上神（地盤子午上之神）爲至期。東方南方。以酉爲限。子上神爲至期。西方北方。以卯爲限。午上神爲至期。假令望酉地人。從魁加戌爲已發。加子爲半道。加卯爲得限。當來。以午上神爲至期。午上神得神后。以壬癸亥子日至。假令望巳地人。太一加午。爲已發。

加酉爲得限。當來。以子上神爲至期。子上得傳送。期庚辛申酉日至。假令望寅地人。功曹加酉。爲來。望申地人。傳送加卯。爲來。望子地人。神后加卯。爲來。望午地人。勝先加酉。爲來。皆以子午上神爲至期。諸望行者過限。皆爲不來也。又視所爲事類。加今日日辰爲來。度限（即過限）爲不來也。所爲事類者。望貴人以天一。望父母以太常。望兄弟以太陰。望婦人以天后。望子孫以六合。望夫以青龍。望奴婢以天空。又集靈記云。凡望行人。以甲乙日占。用得巳午神者爲將至。用得亥子神者爲背日。背日爲不至也。又金匱云。至不至。問前四。此言應至而不至。乃用此法。如甲午日占。前四爲戌。戌上所見神爲至期。假令戌上見功曹。則寅日至也。又云。占行人。用起本日生旺神爲至期。遇墓爲不來。如壬癸日。用起水神。則亥子日至。用起天罡。爲遇墓。即止而不來。一說。占家內人。遇墓亦至。生旺墓爲支三合。本屬同氣。故云占家內人。遇墓亦至。一法。望行者。天罡繫今日日辰。爲今日至。順繫日辰至。逆繫日辰爲不至。所謂逆順者。假令望西方人。天罡繫北方東方爲順。順即來。繫南方西方爲逆。逆不來也。天罡臨日辰人年。懸門候之。望西方北方人。以卯爲門。午上神爲至期。望南方東方人。以酉爲門。子上神爲至期。凡所望神入其門。即爲至。假令望寅地人。寅上有凶將。以凶事留。有吉將。

以吉事留。以青龍太常爲吉將。他效此。

又占諸欲知行者吉凶法

審知行者年所立辰之陽神。與吉將并。臨有氣之鄉。上下相生。卽吉。與惡神將并臨囚死之鄉。上下相賊。又臨年墓日墓者。皆凶也。假令行者年立寅。占時而功曹與白虎并臨未（未爲寅木之墓）者。此爲與凶將并。臨其年墓也。大凶。日墓效此。又法。若不知行者年。以日爲行者身。辰爲所往方。日辰上神陰。與吉神將并。卽吉。與凶神將并。卽凶也。

又占諸行者欲知家內吉凶法

正日時。辰上神之陰。得吉神將。有王相休氣。上下相生。卽吉。得凶神將。卽凶。假令得白虎。死喪事。因死。爲耗病。他效此。

## 詞訟門

占法大要　如占詞訟勝負。以日爲被告。日上神爲原告。上賊下。原勝。下賊上。被勝。勝者。不可使其年。上下相賊。相賊。勝後必敗。如日辰上下不相賊。兩解不鬭。又日爲尊長。辰爲卑幼。日勝辰上神。長者勝。辰勝日上神。幼者勝。并視日辰上將。得勾陳鬭爭。白虎死傷。螣蛇笞責。天空是非。朱雀口舌。玄武妄言。　如占囚繫輕重。視用神。終於王相氣。有救。休氣罪重。囚氣加罪。死氣先重後輕。終於吉將。傳得其子。亦爲有救。

若傳終入其墓。爲有罪難解。傳終得他墓。爲移獄。一法以初囚繫之日占之。犯鬬傷責勾陳。謂以勾陳爲類神也殺人責白虎。竊盜責玄武。口舌責朱雀。以所責類神尅初囚繫之日。爲論罪。若繫日尅所責類神。爲不論罪也。所責神與繫日同類。爲久必蒙釋。又天一臨繫日之墓。亦必論罪。所責神之陰傳得毋子。謂其上神爲生我或爲我生也。爲人哀憐可救也。

附占詞訟吉凶事勝負法

以日上神爲客。客先動也爲原告日爲主。主後動也爲被告上賊下先者勝。下賊上。後者勝。勝者不可令其年上下相賊。上下相賊。雖勝後必敗殃。日辰上下不相賊。兩解不鬬。

假令八月丁巳日。時加巳。年立卯。占訟。

以月將辰加巳時。得式如次。

午丁　未申酉戌

巳午　午　亥貴

辰巳　巳　子

卯辰　辰卯寅丑

年立卯。功曹加之。（人年上下不相賊）勝先加丁。（午與丁又相和）日辰之陽並比和。（丁與巳又比和）此爲兩解。他效此。若欲以長幼知勝負。則以日爲長者。辰爲少壯也。日勝辰。長者勝。謂日勝辰上神也。辰勝日。少者勝。謂辰勝日上神也。以日辰上將言之。假令將得勾陳。以鬬爭勾連事相告。將得白虎。忿爭至死。將得螣蛇。恐死有罪。罪謂被笞也。將得天空。所言非是。謂以論長短相告也。將得朱雀。當獄訟。謂爭口舌事也。將得玄武。冒詞而言。亦主妄言。假令訟者年立卯。傳送臨之。爲年上下相賊。先者爲客。後者爲主。

又占欲知囚繫罪輕重法

正日時。視用神終於王相氣。貴人救之無罪。終於休氣。罪重。終於囚氣。加罪。終於死氣。先重後輕。終於螣蛇。罪重無疑必死。終於朱雀。數見掠笞。終於勾陳。有所勾連。終於玄武。冒辭而亡。終於天空。空無所見。終於白虎。被罪至死。終於吉將。傳得其子。爲有救。罪得解傳入其墓。爲有罪。傳得他獄。墓也爲移獄。假令功曹太衝。小吉爲獄。登明神后。卯天罡是其獄。所謂獄者墓也。所謂移獄者。假令起功曹。終於河魁。爲移獄。他例此。一法。以初繫之日占之。各以其所犯爲坐。坐罪也假令鬬傷人以勾陳。殺人以白虎。竊盜以玄武。相告罪名以朱雀。假令犯坐傷。謂以鬬傷論罪也以勾陳所居神賊繫日。即論也。繫日賊勾陳。不論也。勾陳與日同類。爲繫久可拔。傳神得其獄者。必論。假令以甲乙日繫。天一臨未。繫日丙丁。天一臨戌。繫日庚辛。天一臨丑。繫日壬癸。天一臨辰。繫日戊己。天一亦臨辰。古法水土同墓於辰爲必離離羅也訟獄。傳勾陳之陰得白虎。白虎所居之神。

與勾陳幷賊其繫日者。死。式經曰。假令以甲乙日繫。勾陳所居在金神上者。此爲勾陳勝繫日。卽被論罪也。若勾陳居土神上者。此爲繫日勝勾陳。卽免被論罪也。傳勾陳之陰（勾陳上神）得天一。天一生繫日日辰者。爲貴人救之也。傳勾陳得繫日子母。人將哀之。可爲上書也。

假令七月己未日食時。

以月將巳加辰時。得式如次。

常申己　酉戌亥子貴

酉申　常申　丑

申未　未　寅

酉申　午巳辰卯
勾

傳送爲太常臨己。神將不相刑。又有王相氣。謂金王故也。七月金旺 天罡爲勾陳加卯。傳得其母。辰上尋太一火生土也 勾陳與日同類。法爲久安。不然蒙聽。

又令七月己未日酉時。

以月將巳加酉時。得式如次。

六卯己　勾辰巳午未
亥卯　六卯　申
卯亥未
六卯未　寅　酉
亥卯　丑子亥戌

貴



天一治神后加於辰。太衝亦加今日日辰。神將不相刑。傳得其母。（卯上得亥水生木也）勾陳與日同類。法當繫久。然蒙得出。

## 疾病門

占法大要　如占生死。視白虎所居神王相。虎陰上神又有氣。并尅初得病日。及占日日辰人年上神皆爲死。又死氣（即月建之衝位）或魁罡爲白虎。尅人年病日。及加病人元辰者。（元辰詳後占法）亦死。白虎不必在日辰陰陽中。但視其所居神。（即看天盤白虎所居何神）又白虎與病日相生。及與占日人年相生者。皆爲愈。與病日同類。爲久病後安。又白虎無氣病者愈若白虎旺氣雖日辰人年上有制虎之神。亦危。如不知病日人年。以用神決之。三傳終於白虎及日墓者凶。又占日及人年之墓。臨其日年。或占日及人年。入其墓。皆凶。欲知吉凶期。以用神所生之日爲吉期。尅用神之日爲凶期。假如功曹爲用。丙丁日愈。庚辛日死。他效此。

### 附占諸欲知病人死生法

常以其初得病日時占之。假令螣蛇白虎魁罡。尅初病日。及占日上神。人年所立辰上神（即人年上神）者。皆爲死。白虎所居神王相。而賊初病日及病人年。白虎陰上神又有氣。佐白虎共尅病日人年者。病者必不起也。

死氣爲白虎。尅人年病日者。死。又魁罡爲白虎。加病人元辰者。立死。陽命男。陰命女。男女生於陽干支年者爲陽。生於陰干支年者爲陰。以前八後六爲元辰。陰命男陽命女。以前六後八爲元辰。假令陰命未生男。卽從未至子。爲前六後八。他準此。白虎非必在日辰陰陽中也。視所居神與病日人年相尅與否。假令不知初病時日。以今日日上神決之。又今日日上神。尅人年及年上神者死。又白虎與病日相生者。皆爲愈。與病日同類。爲病久而安。假令甲子日占病。登明神后爲白虎。此爲白虎生病日。病者不死。勝先太一爲白虎。此爲病日生白虎。病者皆愈矣。功曹太衝爲白虎。此爲同類。病者久而獲安。

白虎陰陽皆有氣。幷傷日。立死白虎無氣。病者愈。假令白虎所居神金也。時秋有氣。若以甲子日占之。雖年及甲上。有火神火將。亦危。謂火至秋無氣。恐不能救有氣也。假令不知病日人年所居立之辰。以今日用神決之。三傳終於白虎。或日入墓者。爲死。欲知吉凶期。以用神言之。假令功曹直用。當丙丁日愈。庚辛日死。他效此。又一法。不知初病日時。以人來問時占。日辰人年臨其墓亦爲死。日人年所立辰之陰陽神入其墓者。亦死。日墓還臨其日辰者。亦死。年墓還地年者亦死。假令甲乙日射病時天上（天盤也）甲乙臨未。爲日入其墓。若小吉臨甲乙。爲墓其日也。假令病者年立子。問事時。神后臨辰。爲年所立辰入其墓。若天罡加子。爲墓臨其年。皆死。辰墓效日墓之例。又用神始終得日墓。皆凶。天罡擊（衝也）今日日墓。爲墓門開。亦死。甲乙寅卯木墓在未。丙丁巳午火墓在戌。他效此。小吉木墓。河魁火墓。大吉金墓。天罡爲水土之墓。又式經曰。人年上神王相。尅白虎者。愈。

## 失物門

占法大要　如占逃失尋獲與否。視各類神。馬以勝先。牛以大吉。犬以河魁。雞以從魁。羊以小吉。猪以登明。騾以太沖。錢財以青龍。布帛以太常之類。是所臨何辰。（視類神所臨地盤何方）爲逃亡之方。在所勝地（剋也）爲放縱。在所畏（被剋也）地爲拘繫。在所生地爲藏匿。又其神與白虎幷。而臨囚死地。爲死亡。與六合、太陰幷。爲人隱藏。欲知遠近。以其物類神所臨。上下相乘。爲道里數。（道里數詳後占法）一法。即以其神所臨辰。爲其道里數。若類神自臨其日辰者。爲歸家。日辰上神有制物類神。爲得。幷以此日辰上神屬何五行。即以此五行之干支。爲尋獲之期。又日辰上神不制物類。但有制螣蛇（天一順治責螣蛇）玄武（天一逆治責玄武）者。亦得。

附占六畜放牧自亡不知所在法

各隨其類。以其亡失時占之。正日時。馬責勝先之地。牛責大吉。犬責河魁。雞責從魁。羊責小吉。猪責登明。

欲知東南西北，各隨其類神所臨。在所勝之地。爲放縱。在所畏之地。爲拘繫。在所生所喜之地。爲人藏匿也。天一順治責螣蛇。逆責玄武。其所居神。日辰上神有制螣蛇玄武及物類神者。爲得。不制者不得。其物類神自臨其日辰者。爲歸家。其神與白虎并。臨囚死之地。爲死亡。其神與六合太陰并。爲人欲隱藏之。欲知遠近。以其物類神所臨。上下相乘。爲道里數。臨子午九。丑未八。寅申七。卯酉六。辰戌五。乃至巳亥四。此並爲道里數也。一法。卽以其神所臨。爲道里數。日辰上制物類神。爲得日期。

假令三月壬申日。日中時。午時也 占馬自放。

以月將酉加午時得式如次。

寅壬　亥子丑寅

巳寅　戌　卯貴

亥申　酉　辰

寅亥　申未午巳

馬責勝先。勝先臨卯。爲在東方。勝先爲午數九。卯數六。六九五十四里。今日之辰。申上神得登明。爲制勝先。（亥水尅午火）法以壬癸亥子日尋得。假令先得壬癸。（先逢壬癸日也）壬癸日得先得亥子。亥子日得他效此。假令今日日辰上神。但制玄武螣蛇。不制物類之神。亦爲得。若制玄武螣蛇。而物類神亦得兩制者。保十必得無疑也。

## 緝捕門

占法大要　如占盜獲否。以玄武或玄武陰神爲盜神。日辰及日辰上神。人年上神。有制玄武或玄武陰神爲可獲。不制盜神者。爲不可獲。其方所形狀。以玄武陰神支辰斷之。

附占諸殺人亡命可得與否法

以其殺害時正日辰。以玄武陰爲殺人盜。日辰又其上神。有制玄武者爲得。日辰上下不制玄武所臨。爲不得。

假令二月丙申日。人定時。亥時也　占盜可得否。

以月將戌加亥時。得式如次。

貴

辰丙　未申酉戌
卯辰　午　亥玄陰
未申　巳　子玄陽
午未　辰卯寅丑

登明爲玄武陰。臨子。亡人在北方。丙上得天罡。申上得小吉。皆爲上神。並尅北方。能制登明。法爲戊己日得。他效此。

又占被盜無名盜可得否法

以其亡時占之。若不知亡時。以人來言時占之。以玄武陰上神爲盜神。日辰及年上神有制盜神者。可得。

假令十月甲子日。人定時。射盜。
以月將寅加亥時。得式如次。

陰巳甲　亥子丑寅
申巳　戌　卯常
常卯子　酉　辰玄
午卯　申未午巳陰
貴

太一爲太陰臨甲。太衝爲太常臨子。天罡爲玄武臨丑。法以玄武陰上神爲盜賊。小吉爲天罡陰上神也。家在西南。爲人黃色羊目多鬚。以玄武陰神未言其方所形狀。今日甲木也。爲制盜神。子上神得太衝。太衝木也。亦尅盜神。

凶盜不出刑中也。必得之。日辰及年上神。不制盜神及玄武者。賊不可得也。他效此。

又占聞盜吉凶亡人所在欲捕得否法

以聞知之時射之。今日日辰上神。有剋玄武所居神者。卽得。日辰及其上神。無賊玄武所居神者。不得。

假令九月甲午日。日昳時。聞賊在其家。捕得否。

以月將卯加未時。得式如次。

六戌甲　玄辰巳午未
午戌　卯　申
后寅午　后寅　酉
戌寅　貴丑子亥戌六

魁爲六合臨甲。功曹爲天后臨午。天罡爲玄武臨申。天罡土神也。甲木日也。功曹臨午。亦木神也。並魁玄武所居神。爲可獲。

補遺門

占法大要　如占解憂疑事。欲令日辰上及人年上。得吉神將。有王相氣。傳得其子。亦有氣。爲憂解。無氣。雖解猶難。欲知解期。則視用神、如下尅上爲用。以用神所生爲吉期。所畏（被尅也）爲凶期。如上尅下爲用。以用神所臨地辰所生爲吉期。所畏爲凶期。　如占怪異吉凶。日辰人年上神將。有王相休氣。上下相生。又勿令魁罡蛇虎。加日辰人年則吉。非此者凶。　如占葬事須時下辰也。與日不比勿令魁罡臨今日日辰。又勿令白虎臨有氣之鄉。擇時欲令魁罡蛇虎藏後四維中。四維即四方之隅。如東南方東北方之類是。即大吉。

附占人有憂疑事得解否法

以問事時占之。視日辰上及人年上。得吉神將。有王相氣。直用神傳得其子。爲憂解。用神爲王相氣。所傳得其子而無氣。雖解猶難。無氣不能制有氣。若子有氣。爲憂解也。

假令十月丁亥日未時。占憂疑可解否。

以月將寅加未時。得式如次。

寅丁　卯辰巳午

午丑申
酉寅　寅　未
午亥　丑　申
丑午　子亥戌酉
貴

勝先臨亥。下賊上。爲王相所尅。（十月亥水王相。亥水尅午火爲用也。）傳得大吉。爲得其子。（丑土爲午火所生）其子囚死。（十月丑土囚死）爲憂有解意。然亦難。

又令四月丙寅日丑時。占憂疑。

以月將申加丑時。得式如次。

子丙　卯辰巳午
未子　寅　未

子未寅　酉寅　丑　申
辰酉　子亥戌酉貴

神后臨丙，上尅下。爲囚死所賊爲用。（四月子水爲囚死。）傳得小吉。小吉火之子。（未土爲巳火所生）而有王相氣。（四月土爲相）爲憂解也。欲知解期。視用神。如下尅上爲用。以用神所生爲吉期。所畏爲凶期。如上尅下爲用。以用神所臨地辰所生爲吉期。所畏爲凶期。假令勝先臨水爲用。（爲下尅上）以戊己爲吉期。壬癸爲凶期。（即以用神所生爲吉期。所畏爲凶期也。）勝先臨金爲用。（爲上尅下）以壬癸爲吉期。丙丁爲凶期。（即以用神所臨地辰所生爲吉期。所畏爲凶期也。）他效此。

又占怪祟惡夢法

正日時。視日辰人年上神將。有王相休氣。上下相生者吉。非此者凶。魁罡螣蛇白虎臨日辰人年者。亦凶。其神將（謂魁罡蛇虎）王相。憂官事死喪。囚氣憂亡遺病伏。休氣憂六畜也。其用神在陽。（日辰之陽神發用爲陽）爲憂外事。在陰（日辰之陰神發用爲陰）憂內事。各以其人年上神言之。假令年俱立惡將。未必俱惡。以天罡所臨別之。（但視天盤天罡所臨之地辰）加陽憂男。加陰憂女。加孟爲長。加仲憂父母。加季憂小口。

又式經曰。人年日辰上。見戌犬怪。見酉釜鳴。見申兵刃不葬鬼怪。見未墓怪。見午馬血怪。見辰巳龍蛇怪。見寅鳥獸怪。見丑牛畜怪。見亥子猪鼠怪也。

又占葬事法

時下辰（卯時也）與今日日不比。及無令魁罡臨今日日辰。又勿令白虎臨有氣之鄉。卽大吉。後乃無咎。不如法者。禍起之始。

假令十一月乙酉日申時占葬埋。

以月將丑加申時。得式如次。

酉乙　丑寅卯辰

寅酉　貴子　巳白

寅酉　亥　午

未寅　戌酉申未

申爲時下辰。與乙日爲不比。太乙爲白虎。太一火冬死。爲無氣。此時葬大吉。欲知蒿里道。常以天罡加太歲。功曹傳送下地。爲蒿里道。可葬其下。大吉及後世。不得蒿里道。死不止。無後嗣絕煙火也。又法。神后加太歲。功曹傳送下地。爲地中蒿里道。葬其下亦吉也。爲葬埋者擇時。常令魁罡蛇虎四神藏沒四維中。乃大吉。推葬日。常以魁罡加月建。以功曹傳送下之日辰。爲可葬。遇定開之日。爲最吉也。

# 壬學述古卷四

上虞曹仁麐述

## 通論篇

六壬著作。代有專家。卷冊至爲繁賾。立論既各宗所見。占法亦層出不窮。要其大旨。不外考量五行生尅。四時旺衰。與夫神將所主。以斷吉凶。本篇專載黃帝金匱玉衡兩章。及玄女一經。關於六壬發用。天一所在。論理極精。立法至簡。舉凡百家學說。已足賅括而無遺。學者師古有獲。不外乎是。述通論篇。

### 金匱章

天一六壬發用

第一經曰。一上賊下或一下賊上爲用。假令十一月壬申日平旦占。

以月將子加寅時。得式如次。

酉壬　后午未申酉常　陰武

后蛇六　未酉貴巳　戊白

午辰寅　午申蛇辰　亥空

辰午在卯寅丑子吉　合勾

勝先臨申。上尅下爲用。將得天后。與火神并在金鄉。爲憂婦女不安。或懷子墮傷。傳得天罡。將得螣蛇。主驚恐。此人八月。當以女子事爭鬪相驚恐。專得功曹。

將得六合。爲後正月。當與吏議嫁娶。或市賈之事。用得金。言錢兵。得木憂折傷。得火憂口舌。得土言鬭訟。得水言逃亡婬泆。上尅下。憂女子。下尅上。憂男子。各以四時王相囚死之氣所勝。爲憂。爲王氣所勝。法憂縣官。相氣所勝。法憂錢財。休氣所勝。法憂疾病。囚氣所尅。法憂囚徒拘繫。死氣所勝。法憂死喪冢墓。上尅下。爲亡命他人。下尅上。爲病已身。假令太歲在卯。太衝爲用。吉凶不出歲。二月。太衝爲用。吉凶不出月。今日巳。太一爲用。吉凶不出日。平旦寅。功曹爲用。吉凶不出時。他效此。又令正月甲戌。時加未。

以月將亥加未時。得式如次。

蛇貴后陰

午甲　子丑寅卯
戌午　雀　亥　辰　武
寅戌　合　戌　巳　常
午寅　勾青空白　酉申未午

后白六
寅午戌

功曹爲天后加戌爲用。天后爲婦女。正月寅中有生火。（寅中有丙火。見本原篇地支所藏天干五行。）婦人姙娠。天后水將。與功曹中火井。水火相尅。此言生子毀傷也。傳見勝先。將得白虎。憂死喪終。見六合。主陰私媒妁。用三傳得三火。（寅午戌爲火局。見本原篇。）憂火燒驚雷口舌。以用所生爲吉期。所畏爲凶期。功曹爲用。喜在丙丁。凶在庚辛。用起陽辰。謂辰上陽神憂事發他人。爲方來。在陰辰。謂日辰上陰神憂起己身。傳見子毋謂我生或生我爲救。見鬼吏謂剋我也爲重凶。其用中有微氣。若神將剋其凶者。亦爲有救。又休爲老人。王相爲丁壯。金剋木。爲折傷。木剋土。爲癰腫。土剋水。爲內閉不通。水剋火。爲失明。火剋金。爲驚恐失氣。六甲常以戊己虛。衝爲孤。謂如甲子旬辰戌巳巳爲虛。甲戌乙亥爲孤。見本原篇。

第二經曰。日辰陰陽中有兩相剋剋者。以下剋上爲用。上剋下爲順。下剋上爲逆。逆者憂深。在內難解。順者憂淺。在外易解。周易以世爲卜者身。式六壬也以用爲卜者身。別吉凶者也。假令正月乙巳時加未。

以月將亥加未時。得式如次。

申乙 貴子丑寅卯
子申 亥 辰
酉巳 戌 巳
丑酉 酉申未午

六 酉
后 丑
白 巳

傳送加乙。上尅下。神后爲傳送陰而臨申。不相尅。從魁加巳。下尅上爲用。將得六合。主陰私之事。從魁爲下所尅。奴婢（酉爲奴婢也）。從之期以重憂。有陰謀相賊。從下賤人起。又爲相氣所勝。（正月火爲相）法言訟財物傳得大吉。終於太一。法言戰鬬相傷至死亡。何以言之。用起三金。（巳酉丑爲金局乙日被金所尅）。終太一。將得白虎也。以意分別之。他故此。

第三經曰。日辰陰陽中。有兩下尅上。或兩上尅下。先以與日比者爲用。剛日。用得木。憂縣官文書。得火。憂田宅口舌。得土。憂縣官死鬼。得金。憂遷移不安。或刀兵。得水。憂女人。柔日。用得木。憂木器船車盜賊。得水。憂戰鬬見血。得土。憂財物豆穀。得金。憂六畜。得火。憂女子婬泆內亂。假令正月壬辰時加辰。

以月將亥加辰時。得式如次。

貴

午壬　卯辰巳午

丑午　寅　未

亥辰　丑　申

后　勾　玄

午　丑　申

午亥　子亥戌酉

勝先當爲用。休氣所尅。正月水爲休法憂疾病。火入水。將得天后。爲事起婦女。傳見大吉與句陳幷。法憂鬬爭。終見傳送與玄武幷。法言違出有失。傳送加丑。爲下臨其墓。申金以丑爲墓法憂悲哀不樂。他效此。

第四經曰。日辰陰陽中有兩比者。以其始入涉害深者爲用。假令正月辛酉時加午。

以月將亥加午時。得式如次。

卯辛　丑寅卯辰

申卯　子　巳

蛇空后　未子巳　寅酉　亥　午貴

未寅　戌酉申未

太衝小吉俱爲下所尅。又俱比辛。太衝度辛(謂巳越地盤申酉兩金也)而入戌。憂淺。小吉始入木鄉(謂始入地盤寅木也)涉害。小吉當爲用。所謂俛(俯同)見其仇。仰見其卯。(墓也)小吉主婦女。將得螣蛇。憂女子驚恐。小吉過東北鬼門。(謂寅地爲鬼門)當見怪異。傳得神后。將得天空。婦欲欺其夫，有二心。終太一。將得天后。爲重憂婦女。用爲王氣所勝。(正月寅木爲王)法憂縣官。仇怨相害。他效此。

第五經曰。日辰陰陽中無相賊者。當以遙與日相尅者爲用。神來賊日。身有憂。從外來。日往尅神。爲有仇怨從內起。辰雖有遙相尅。不得爲用。用日不用辰也。

有兩遙相尅今日者。亦用與日比。天一順行。憂男子病。逆行。憂女子行。有客不可內。納也皆以神將言之。有魁罡白虎。謀相殺。玄武爲盜。假令正月己卯時加寅。

以月將亥加寅時。得式如次。

辰己 巳午未申
丑辰 辰 酉
子卯 卯 戌
酉子 寅丑子亥
貴

子貴
酉
午

四課陰陽中。並無相尅者。己獨往尅神后。神后當爲用。法主婦女。與天一幷。有貴人徵召事。又爲死氣所勝。正月春令土爲死氣 法憂死喪冢墓。他效此。
第六經日。無遙魁者。剛仰柔伏。視昴星謂酉也所得爲
用。昴星爲閉塞。行者稽留。居家有憂患。剛日男人遠
行未還。恐鬬死於外。柔日伏藏。女子婬泆。深憂不解。
假令正月戊寅時加未。
以月將亥加未時。得式如次。

貴
酉戌　子丑寅卯
丑貴　丑酉　亥　辰
午寅　戌　巳
戊午　酉申未午

戊剛日。昴星上見大吉。當爲用。行者稽留。違方關梁。將得天一。占貴人不安其官。小人分異，又令正月己丑日。時加申，

以月將亥加申時得式如次。

貴

戊己　亥子丑寅

丑戊　戌　卯

辰丑　酉　辰

未辰　申未午巳

午空

己柔日。當以天上昴星所臨下辰午勝先爲用。將得天空。用始以決吉凶。不傳終也。他效此。

第七經曰。天地復。名曰吟，剛用日上神。柔用辰上神。是謂關梁。此時不可出行。舉事不成。傳起用神所刑者。如自刑。用用其衝。假令今日甲子。功曹臨甲爲用。功曹刑己。中見太一。太一刑申。終見傳送。吉凶皆以神將言之。剛日。木神臨木。憂文書木器。男子欲遠行。火神臨火。男女口舌。金神臨金。憂遷徙分異。土神臨土。憂貴人遙使。水神臨水。貴人酒食。柔日。木神加木。憂船車。火神加火。憂女子婬泆訟屋舍。金神加金。憂遷移分異。土神加土。憂女子訟田宅。水神加水。憂財物失走。捉盜不得。亡不越境。他效此。

第八經曰。九醜者。謂五干（乙戊己辛壬）四辰（

子午卯酉）合爲九也。大吉當天之大殺。居其上。行其殺。故曰醜。四仲之日。時加四仲。大吉臨日辰。舉百事大凶。大吉加日。害長。加辰。害少。剛日害男。柔日害女。日在陽（日在天一前爲陽）傷夫。在陰（日在天一後爲陰）傷婦。重陽（日辰皆在天一前爲重陽）害父。重陰（日辰皆在天一後爲重陰）害母。以四時氣期王相期三年。囚死期三月。以大吉并將。言其形狀。四辰或與大時并。（自正月至十二月。卯子酉午四輪。爲大時。如正月在卯。二月在子。）大吉與凶將并。如加九者。大凶禍重。刑戮死亡。流血千里。萬無全者。假令二月壬子。時加酉。

以月將戌加酉時。得式如次。

丑子　申　丑
丑子　未　寅
寅丑　午巳辰卯

大吉臨子。剛日也。當害長男。期六月及戊辰戊戌巳未巳丑日月。所以然者。壬水惡土。故以土日土月期之。四季土月也。二月大時在子。春土死。此爲大凶。以大吉所并將言之。太陰并。坐祠祀鬼神爲敗。螣蛇并。爲驚死。朱雀并。坐文書或燒死。六合并。坐女子婬泆。勾陳并。格鬬死。青龍并。坐酒食錢財。天一并。與貴人同憂。天后并。婦人異心。玄武并。坐盜賊六畜爲敗。太常并。坐田宅財物爲敗。白虎并。死喪爲敗。天空并。以偷盜詐欺爲敗。又令八月戊子。時加卯。

以月將辰加卯時。得式如次。

午戌　酉戌亥子

未午　申　丑

寅卯辰

丑子　未　寅

寅丑　午巳辰卯

大吉加子。功曹爲用。大吉雖不爲用。猶爲九醜。少男坐之。他效此。

第九經曰。諸制日占事。（干剋其支爲制日）辰自往加其日上。而又下尅上爲用。所謂贅壻也。假令今日甲戌。（甲木剋戌土）河魁臨甲。又乙未日。小吉臨乙。丙申日。傳送臨丙。甲辰日。天罡加甲。乙丑日。大吉加乙。此皆辰加其日而下剋上。以此占吉凶。少將害老。室家相剋。中外婬泆。臣謀其君。子圖其父。奴欲謀主。又一法。魁加甲。主刑人鬬訟。小吉加乙。憂女子酒食。太一加癸。女子訟衣服。亥加巳。女子爭財。從魁加丁。欲謀分異。勝先加壬。訟田宅驚火。神后加戊。女子病死婬泆。假令二月甲戌時加寅。

以月將戌加寅時。得式如次。

戌甲　辰巳午未

午戌　卯　　申

午戌　寅　　酉

寅午　丑子亥戌

魁與月將幷來加甲。下剋上。占人皆有婬亂。將得朱雀。內相告言。勾陳內相殘賊。白虎相殺。天空欲爲贅壻。天后婬泆事。

第十經曰。閉口閉口。陰在汝後。閉口者。言黃帝重他人陰私。故言閉口。假令功曹爲玄武。陰在登明。謂逆數四辰爲陰。故亥爲寅之陰。天罡爲玄武。陰在太吉。此爲度四逆責四神者也。男亡責陰。女亡責陽。囚死爲近。王相爲遠。假令九月丁巳時加丑。

以月將卯加丑時。得式如次。

玄

酉丁　戌亥子丑
亥酉 貴酉　寅
未巳　申　卯
酉未　未午巳辰

從魁爲天一加未。神后爲玄武而加戌。女亡西北門。責戌地。男亡當責從魁。從魁加未。責未地。戌數五。子數九。五九四十五里。酉數六。未數八。六八四十八里。王氣什而倍之。相氣因而十之。休氣因而倍之。囚氣如數。死氣半之。他效此。

玉衡章

天一上六壬發用

第一經曰。假令今日甲乙。木也。登明爲用。爲氣爲生。小吉爲用。爲物爲死。亥卯未俱木同類。木生於亥。死於未。無問其餘。但得登明中木。不問水也。（亥藏甲木壬水。見本原篇。）但得小吉中木。不問其中火土也。（未藏乙木丁火己土。見本原篇。）登明。甲乙之家。功曹太衝。爲親兄弟。小吉外昆弟外孫。日與陽比男陰比女。

第二經曰。假令今日乙。魁臨乙爲用。爲始生。大吉臨乙爲用。爲死。用起始生。萬事皆新。用起死。萬事皆故。吉凶如神將言之。又今日丁。大吉臨丁。爲始生。天罡臨丁。爲死。今日己。天罡爲始生。小吉爲死。今日辛。小吉爲始生。河魁爲死。今日癸。大吉爲始生。天罡爲死。

獨五柔日用此耳。若剛日。以用起陽爲新。陰爲故。有王相氣爲新。四死氣爲故。用起陽爲方來。陰爲去事。

又一法。今日乙。太一爲新。大吉爲故。今日丁。傳送爲新。天罡爲故。今日己。登明爲新。小吉爲故。今日辛。功曹爲新。魁爲故。今日癸。太一爲新。天罡爲故。各以神將言之。今日乙木生於亥長於卯。死於未。登明爲用。傳得太衝新事。小吉故事。他效此。

第三經曰。四立（謂立春立夏立秋立冬四節。）以先之一日。名曰四絕。此時占吉凶。必爲暴禍在門。不出月中也。月神正臨此日。（月神卯月將）俱大凶。其性速。假令辛亥立春。先之一日庚戌。月將臨庚是也。皆以神將言之。

第四經曰。四離（春分秋分夏至冬至前一日爲四離。）之辰上。望見月宿。是謂不祥。天寇所過。此言春分陰氣在卯。盜殺百草。夏至陽氣在午。盜殺百草。秋分陰氣在酉。秋當刑殺。冬至陽氣在子。萬物蟄藏。皆非正氣。故曰寇盜。以此占事。必有寇竊暴至。期不出日月中。各以神將言之。月宿春分臨亥（按春分前一日未過中氣。故月宿臨亥。）餘準此。

第五經曰。時剋其日。用又助之。所治之事。上下爲憂。神將內戰。是謂天罡（按罡卽網也。）四張。萬物盡傷。假令今日甲乙。時加庚辛是金。故言時剋其日。用起傳送從魁。是謂用又助之。從魁并爲青龍。是謂內戰。（畢法云。將逢內戰所謀危。卽本此意。）又令二月庚子。時加卯。

以月將戌加巳時得式如次

丑庚　丑寅卯辰
午丑　子　巳
巳戌卯
巳子　亥　午
戌巳　戌酉申未

太一加子。下剋上爲用。時加巳。巳剋庚。是時剋日也。
太一爲用。又剋庚。是用又助之。他效此。
第六經曰。陽不與陰合。陰不與陽親。三言相得。如往
比焉。法曰無婬。他書作無淫 無婬姦生其中。假令正月甲子。
時加卯。

以月加亥將卯時。得式如次。

戊甲　辰巳午未
午戌　卯　申
戊午寅
申子　寅　酉
辰申　丑子亥戌

甲陽爲夫。子陰爲婦。魁臨甲。傳送加子。甲欲從子。畏傳送金。子欲從甲。畏河魁土。故不相親。三言往比者。謂三傳之神。還自比同類。如三木三金三火三水是也。此言用起魁。傳勝先。終功曹。謂寅午戌俱是火之位。又亥卯未俱木。申子辰俱水。巳酉丑俱金。以此占人。皆爲婬邪之心。事將危敗也。上剋下。過在男。下剋上。過在女。以神將言之。

第七經日。陽無所依。陰無所親。禍生於外。內及其身。
假令正月壬子。時加巳。
以月將亥加巳時。得式如次。

巳壬　寅卯辰巳
亥巳　丑　　午
午子　子　　未
子午　亥戌酉申

午子午

太一加壬。勝先加子。是陽無所依。勝先傳見神后。太
一傳見登明。爲陰無所親。以此占人君無所因。父無
所親。必見欺紿。當此之時。天地猶然。况於民乎。
第八經日。辰剋其日。下剋上。是謂亂首。必將害者者

也。辰剋日者。謂日被挾自臨其辰也。假令今日丙子。太一挾丙加子。乙酉日。太衝挾乙加酉。壬戌日。登明挾壬加戌。癸未日。神后挾癸加未。丁亥日。勝先挾丁加亥。甲申日。功曹挾甲加申。辛巳日。從魁挾辛加巳。巳卯日。小吉挾己加卯。戊寅日。天罡挾戊加寅。此皆辰剋其日。用下剋上。以此占人事。必爲逆道。百事凶。他效此。

第九經日。用起囚死。斗令日憂。是謂天獄。用起囚死者。言神將俱死氣也。斗令日憂。言斗繫今日之所生也。斗天罡也。謂辰加今日之母也。假令正月乙未。時加申。

以月將亥加申時。得式如次。

未乙　亥子丑寅
戌未　戌　卯
戌未　酉　辰
丑戌　申未午己

未戌丑

小吉加乙。下剋上爲用。土正月死。斗又繫癸。（謂辰加癸地盤丑）者乙之本。所謂囚死斗令日憂也。又令二月乙酉。時加巳。

以月將戌加巳時。得式如次。

酉乙　丑寅卯辰
青貴白　寅酉　貴子　己白
未子巳　寅酉　亥　午

未寅　戌酉申未青

斗繫亥。天罡加地盤亥亥者乙之本。故憂。小吉爲功曹陰而加寅爲用。春土死。傳得神后。終於太一、與白虎并。必有死亡。小吉木之獄也、俛見其仇。仰見其丘。雖得青龍。不能爲救也。他效此。

第十經曰。日辰之陽神及用。所與并將皆多吉。又有王相之氣。是謂三光。用在其中者也。傳用又得吉將。上下相生。終始無尅。氣在王相。神重得吉。雖有凶將。後有福終。此謂重慶。當此之時。遠出萬里。入水不溺。入兵不傷。所求者得。病困不死。繫者無刑。雖死復生。

假令正月甲寅。時加巳。

以月將亥加巳時得式如次。

后 青 后
寅 申 寅

青 后 青 后
申 寅 申 寅
甲 申 寅 申

　寅卯辰巳
　丑　　午
　子　　未
　亥戌酉申

傳送爲青龍。青龍春王（青龍屬木春令爲王）加甲并寅。此日上神與吉將并王相也。經言正月甲寅王日。一光也。青龍又王。又立王上。二光也。年立木門。（謂加人年又立寅）三光也。功曹爲傳送陰而加申。與天后將并爲用。是謂用在其中者也。　又天一順行前三五加日辰。此爲一陽。終王相不相剋。二陽。日照今日之本。三陽。用在其中者也。假令六月戊辰時加辰。

以月將午加辰時。得式如次。

后

未戌 玄戌亥子丑貴

酉未 酉 寅

午辰 申 卯

申午 未午巳辰

白 申

玄 戌

后 子

皆受王相之氣。傳送爲勝先陰而加午爲用。傳送六月受相氣。六月土旺金受相氣。此謂三陽傳得魁與玄武幷加申。終神后與天后幷而加戌。始於王相。終於吉將。故日重慶。雖復有凶。不能害之。若天一逆行前二五加日辰一陰用終囚死上下相剋。二陰時剋其年。三陰也。斗月照今日之本爲殃。用在其中。名曰重陰。終自禍患。以占萬事大凶。所謂入九地之下。役三陰者也。

黃帝授三子玄女經

天一所在。甲戊庚。旦大吉。丑 夕小吉。未 乙己。晝神后。子 夜傳送。申 丙丁。旦登明。亥 暮從魁。酉 辛。晝勝先。午 夜功曹。寅 壬癸。晝太一。巳 夜太衝。卯

占與人期會。天罡臨日辰者會。在日辰前爲已過。在日辰後爲未至。又天罡在門 謂罡加仲 會。行人來。主人近行。在外 謂罡加季 已至。主人遠行。在內 謂罡加孟 未至。又天罡大吉加午未者。喚人必來。時上見王相。必來。相剋不

來。

占求物。罡加孟不得。加仲得半。加季盡得。

占行人至時。甲乙日行。丙丁日至。謂木生火 不至。還以甲乙日至。他例此。

諸欲娶婦嫁女。必記初許嫁之日以爲本。其娶婦時。愼無令剋其許嫁日辰也。剋日害舅。剋辰害姑。盡剋日辰。爲不利一家。假令甲子日許嫁。庚辛日納。則皆爲剋日。戊己日納爲剋辰也。辛未日納。爲盡剋日辰。戊申己酉日亦然也。謂以申酉剋甲。戊己剋子也。 又欲令日辰陰陽及用傳中。有天后。無螣蛇白虎相剋。吉。又無令夫家

以月將戌加巳時。得式如次

酉乙　丑寅卯辰

寅酉　子　巳（夫家門）

子未　亥　午

巳子　戌酉申未

婦年

婦年立辰。從魁加之。夫家門在子地。太一加之。爲傷婦年也。卽婦有咎。又無令婦年上神傷夫家之門。卽夫家有咎。門者所出入之辰。（卽地盤所在之方）又不欲所出入之神（卽其方上神）傷日辰。爲女有敗傷。又不欲神將（謂日上神將）共傷日。爲害翁。假令二月庚子丑時。

以月將戌加丑時。得式如次。

貴
朱巳庚 朱巳午未申
寅巳 辰 酉
酉子 卯 戌
午酉 寅丑子亥

太一臨庚上。將得朱雀。此爲神將幷傷日。害舅。若日幷傷神將。爲害夫。假令二月癸丑日巳時。

以月將戌加巳時。得式如次。

蛇午癸 丑寅卯辰
亥午 子 巳貴

午丑　亥　午蛇

亥午　戌酉申未

勝先加癸。將得螣蛇。此爲日幷傷神將。害夫。又辰（謂支也）中有微氣（日支丑有癸水餘氣）往助之者。爲夫死。若神將共傷辰爲害婦。假令二月庚申日丑時。

以月將戌加丑時。得式如次。

貴

朱巳庚　朱巳午未申

寅巳　辰　酉

朱巳申　卯　戌

寅巳　寅丑子亥

太一臨申。將得朱雀。此爲神將并傷辰也。所坐形狀。均以其將言之。他效此。